高职高专汽车智能技术专业教材

智能网联汽车技术概论
第 2 版

北京和绪科技有限公司　组编

主　编　邹德伟　李妙然

副主编　程传红　沈盛军　王　雷

参　编　杨秀芳　刘　伟　李　聪
　　　　董光耀　韦耀华

机械工业出版社

本书紧密结合当前智能网联汽车技术及其应用，首先对智能网联汽车技术进行综述性介绍，然后分别介绍视觉传感器在智能网联汽车中的应用、雷达在智能网联汽车中的应用、高精度定位与导航系统、智能网联汽车路径规划与决策控制、汽车总线及车载网络技术、智能网联汽车通信技术和 ADAS 与智能网联汽车的应用，最后简要介绍智能网联汽车的操作系统与应用平台。

本书可作为职业院校及应用型本科汽车类专业的智能网联汽车相关课程的教材，也可作为社会相关机构进行技术培训的参考资料。

图书在版编目（CIP）数据

智能网联汽车技术概论／北京和绪科技有限公司组编；邹德伟，李妙然主编．—2 版．—北京：机械工业出版社，2024.5（2025.7 重印）
高职高专汽车智能技术专业教材
ISBN 978-7-111-75765-8

Ⅰ.①智… Ⅱ.①北…②邹…③李… Ⅲ.①汽车-智能通信网-高等职业教育-教材 Ⅳ.①U463.67

中国国家版本馆 CIP 数据核字（2024）第 092307 号

机械工业出版社（北京市百万庄大街 22 号　邮政编码 100037）
策划编辑：谢　元　丁　锋　　责任编辑：谢　元　丁　锋　舒　恬
责任校对：肖　琳　张昕妍　　封面设计：马精明
责任印制：任维东
北京宝隆世纪印刷有限公司印刷
2025 年 7 月第 2 版第 4 次印刷
184mm×260mm・10 印张・208 千字
标准书号：ISBN 978-7-111-75765-8
定价：49.90 元

电话服务　　　　　　　　　　　网络服务
客服电话：010-88361066　　　　机　工　官　网：www.cmpbook.com
　　　　　010-88379833　　　　机　工　官　博：weibo.com/cmp1952
　　　　　010-68326294　　　　金　书　网：www.golden-book.com
封底无防伪标均为盗版　　　　　机工教育服务网：www.cmpedu.com

前言
Preface

随着电子信息、物联网、大数据、云计算和人工智能等技术与汽车工业的深度融合,汽车技术正朝着智能化、网联化发展。

2018年12月25日,工业和信息化部印发了《车联网(智能网联汽车)产业发展行动计划》。计划中提出,以融合发展为主线,充分发挥我国的产业优势,优化政策环境,加强行业合作,突破关键技术,夯实产业基础,推动形成深度融合、创新活跃、安全可信、竞争力强的车联网产业新生态。在计划中提出了分阶段实现车联网产业高质量发展的目标:第一阶段,到2020年,实现车联网(智能网联汽车)产业跨行业融合取得突破,具备高级别自动驾驶功能的智能网联汽车实现特定场景规模应用,车联网用户渗透率达到30%以上,智能道路基础设施水平明显提升;第二阶段,2020年后,技术创新、标准体系、基础设施、应用服务和安全保障体系将全面建成,高级别自动驾驶功能的智能网联汽车和5G-V2X①逐步实现规模化商业应用,"人-车-路-云"实现高度协同,人民群众日益增长的美好生活需求得到更好满足。

无论是产业的发展还是技术的发展,人才都是智能网联汽车发展的关键。目前,智能网联汽车人才需求缺口巨大,人才培养相对滞后,智能汽车相

---

① V2X 指车-车/车-路协同。

关技术研发领域和产业化服务领域人才相对不足，特别是在汽车信息安全领域，远远不能满足行业发展的需要。当前，汽车行业对"复合型"人才的要求更高、更全面、更深。"汽车+IT+通信"高层次复合型人才非常稀缺，培养高端复合型人才是产业发展的当务之急。

教育应服务于市场，领先于市场，但是目前的现实是国内职业院校智能网联汽车相关的教学体系相对滞后，存在开设专业少，技术应用类课程少，缺少成熟的教学设施、资源与教材等一系列的问题。为促进我国智能网联汽车产业、专业教育教学的健康发展，北京和绪科技有限公司携手智能网联汽车技术专家、课程研发专家与教育专家、学者，共同探讨了智能网联汽车专业人才培养中的能力形成因素与相关技术学习中的必知必会知识，开发了本书，为方便选用本书作为教材的教师授课，编者开发了包括微课、电子教案、练习及答案等丰富的配套教学资源，供职业院校、应用型本科院校教学和相关社会机构职业化培训使用，可登录机械工业出版社教育服务网（www.cmpedu.com）注册后免费下载。

本书紧密结合当前智能网联汽车技术发展及应用，循序渐进、深入浅出地阐述了智能网联汽车这个复杂的技术体系，首先对智能网联汽车技术进行综述性介绍，然后分别介绍视觉传感器在智能网联汽车中的应用、雷达在智能网联汽车中的应用、高精度定位与导航系统、智能网联汽车路径规划与决策控制、汽车总线及车载网络技术、智能网联汽车通信技术、高级驾驶辅助系统（Advanced Driver Assistance Systems，ADAS）与智能网联汽车的应用，最后简要介绍智能网联汽车的操作系统与应用平台。

本书内容新颖，知识面广，重点、难点处理得当，通俗易懂，是一本实用、高效的教材。本书的出版将有利于推动我国智能网联汽车产业发展与职业人才培养，弥补目前智能网联汽车相关教学的不足，对职业院校在智能网联汽车方面的教学展开与专业化体系的建设提供有力支持。

本书由烟台汽车工程职业学院邹德伟教授和中国社会科学院李妙然博士担任主编，程传红、沈盛军、王雷担任副主编。邹德伟教授负责全书的策划，李妙然博士负责内容安排、案例选取和统稿工作。

本书第1章由邹德伟教授编写；第2章和第3章由程传红教授编写；第4章由沈盛军副教授编写；第5章由王雷副教授编写；第6章由杨秀芳副教授编写；第7章由李聪老师编写；第8章由董光耀老师编写；第9章由韦耀华老师编写。

在编写本书过程中，李妙然博士和刘伟博士提供了大量技术资料，为本书的内容安排和案例选取提供了重要的支持和参考。同时，他们还对本书的初稿进行了仔细的审阅和修改，提出了许多宝贵的意见和建议，为本书的完善和提高做出了重要贡献。

在编写本书过程中，得到了索明何副教授的热心帮助和指导，同时，本书的出版得到了中国汽车工程学会特聘专家朱军老师和机械工业出版社的大力支持和帮助，在此一并向他们表示衷心的感谢！

在编写本书过程中，参考了一些文献和技术资料，在此向相关的作者表示衷心的感谢！

由于编者水平有限，疏漏之处在所难免，恳请广大专家和读者提出宝贵的修正意见和建议。

编　者

目录 Contents

前言

第 1 章 智能网联汽车技术综述 001

1.1 智能网联汽车的发展背景 / 001
    1.1.1 智能网联汽车的定义 / 001
    1.1.2 智能网联汽车的组成 / 005
    1.1.3 智能网联汽车行业背景分析 / 008

1.2 智能网联汽车的发展现状 / 012
    1.2.1 国外智能网联汽车的发展现状 / 012
    1.2.2 我国智能网联汽车的发展现状 / 015

思考题 / 020

第 2 章 视觉传感器在智能网联汽车中的应用 021

2.1 视觉传感器的种类和原理 / 021
    2.1.1 单目视觉传感器的原理和特点 / 023
    2.1.2 双目视觉传感器的原理和特点 / 024
    2.1.3 红外夜视视觉传感器的原理和特点 / 025
    2.1.4 多个视觉传感器的组合应用 / 026

2.2 智能网联汽车领域图像处理方法 / 027

2.3 视觉传感器在智能网联汽车中的实际应用 / 032

思考题 / 040

第 3 章 雷达在智能网联汽车中的应用 041

3.1 超声波雷达 / 041
    3.1.1 超声波雷达的结构与原理 / 041
    3.1.2 超声波雷达在智能网联汽车中的应用 / 043

3.2 毫米波雷达 / 045

3.2.1 毫米波雷达的结构与原理 / 045

3.2.2 毫米波雷达在智能网联汽车中的应用 / 048

3.3 激光雷达 / 050

3.3.1 激光雷达的结构与原理 / 050

3.3.2 激光雷达在智能网联汽车中的应用 / 056

思考题 / 059

第 4 章
高精度定位与导航系统
060

4.1 高精度地图 / 060

4.1.1 高精度地图的基本概念 / 060

4.1.2 高精度地图采集与生产 / 063

4.1.3 其他形式的高精度地图 / 066

4.2 高精度定位系统 / 067

4.2.1 全球导航卫星系统 / 067

4.2.2 惯性导航系统 / 070

4.2.3 高精度定位实现方式的总结 / 073

4.3 智能网联汽车的导航系统 / 075

思考题 / 076

第 5 章
智能网联汽车路径规划与决策控制
077

5.1 智能网联汽车环境感知与路径规划 / 078

5.1.1 汽车自动驾驶环境感知 / 078

5.1.2 汽车自动驾驶路径规划 / 080

5.2 智能网联汽车行为决策与车辆控制 / 086

5.2.1 汽车自动驾驶行为决策 / 086

5.2.2 汽车自动驾驶的执行控制 / 088

思考题 / 094

第 6 章
汽车总线及车载网络技术
095

6.1 汽车总线 / 095

6.1.1 汽车总线技术的产生 / 095

6.1.2 CAN 总线 / 096

6.1.3 LIN 总线 / 104

6.1.4 MOST 总线 / 108
6.1.5 FlexRay 总线 / 111

6.2 车载以太网 / 112
6.2.1 车载以太网的相关技术 / 112
6.2.2 车载以太网技术的应用 / 114

思考题 / 116

第 7 章 智能网联汽车通信技术 117

7.1 V2X / 117

7.2 移动网络通信技术 / 120
7.2.1 移动网络通信技术的发展 / 120
7.2.2 5G 网络的关键技术及在 V2X 中的应用 / 123

7.3 物联网无线通信技术 / 125
7.3.1 短距离无线通信技术 / 126
7.3.2 低功耗广域网通信技术 / 130
7.3.3 物联网无线通信技术在智能网联汽车中的应用 / 132

思考题 / 133

第 8 章 ADAS 与智能网联汽车的应用 134

8.1 高级驾驶辅助系统及应用 / 134
8.2 智能网联汽车的应用 / 141

思考题 / 142

第 9 章 智能网联汽车的操作系统与应用平台简介 143

9.1 智能网联汽车的操作系统——Linux / 143
9.2 智能网联汽车的开发平台——ROS / 145
9.2.1 ROS 概述 / 145
9.2.2 ROS 在智能网联汽车中的应用 / 146

9.3 智能网联汽车的学习平台——Gazebo / 147

思考题 / 149

参考文献 150

第 1 章　智能网联汽车技术综述

学习目标

1. 理解智能网联汽车的含义
2. 熟悉SAE对自动驾驶等级的划分
3. 熟悉我国对汽车智能化和网联化的等级划分
4. 了解我国工信部制定的自动驾驶测试的相关规定
5. 熟悉智能网联汽车智能驾驶的关键技术
6. 了解智能网联汽车可实现的功能
7. 了解国内外智能网联汽车的发展现状

目前，我国汽车技术正朝着电动化、智能化、网联化、共享化的"四化"方向发展，这给汽车工业的发展带来了巨大的挑战和机遇。智能网联汽车不仅可提供更安全、更舒适、更节能、更环保的驾驶方式，还会带来汽车产品和技术的升级，从而重塑汽车及相关产业全业态和价值链体系。本章主要介绍智能网联汽车的定义、组成、发展现状和发展趋势。

1.1　智能网联汽车的发展背景

1.1.1　智能网联汽车的定义

扫一扫

智能网联汽车的定义
及其发展潜力

智能网联汽车（Intelligent & Connected Vehicle，ICV）是车联网与智能驾驶汽车技术相结合的产物。车联网是依托信息通信技术，通过车内、车与车、车与路、车与人、车与服务平台的全方位连接和数据交换，提供综合信息服务，形成汽车、电子、信息通信、道路交通运输等行业深度融合的新型产业形态。智能驾驶是利用信息技术、计算机技术、控制技术实现汽车性能的全面提升。

随着电子信息技术的发展，智能网联汽车进入了广泛应用的时代，成为汽车产业发展战略的重要方向。2017年12月，由工信部、国家标准委共同制定的《国家车联网产业标准体系建设指南（智能网联汽车）》明确了智能网联汽车的定义：智能网联汽车是指搭载先进的车载传感器、控制器、执行器等装置,并融合现代通信与网络技术,实现车与X(人、车、路、云端等)智能信息交换、共享,具备复杂环境感知、智能决策、协同控制等功能,可实现安全、高效、舒适、节能行驶,并最终可实现替代人来操作的新一代汽车。

根据中国汽车工程学会于2016年10月发布的《节能与新能源汽车技术路线图》的解释,智能网联汽车可以分为网联化、智能化两个技术层面。

在网联化层面,车辆采用新一代移动通信技术(LTE-V、5G等),实现车辆位置信息、车速信息、外部信息等车辆信息之间的交互,并由控制器进行计算,进一步增强车辆的智能化程度和自动驾驶能力。我国智能网联汽车信息通信标准体系如图1-1所示,明

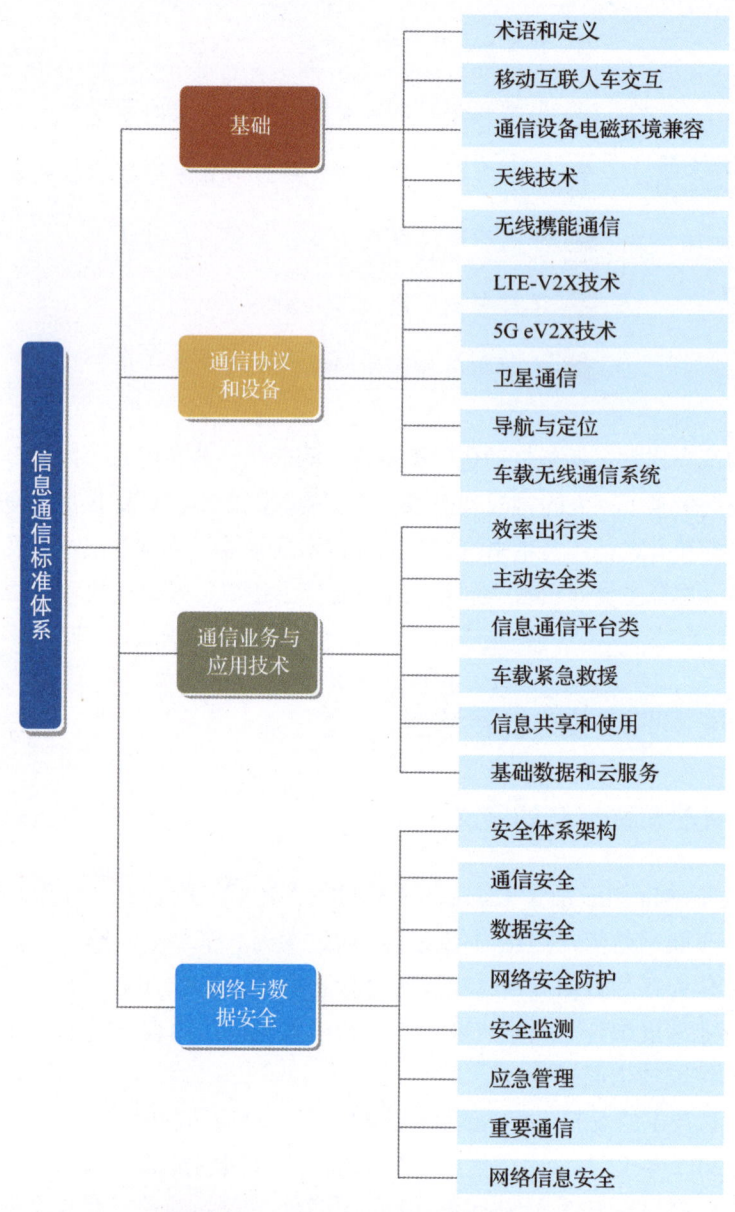

图1-1 智能网联汽车信息通信标准体系

确了汽车网联化过程中涉及的软硬件技术、体系结构、应用领域和应用中需要关注的信息安全等技术内容。

在智能化层面，汽车配备了多种传感器（摄像头、超声波传感器、毫米波雷达、激光雷达），实现对周围环境的自主感知，通过一系列传感器信息处理和决策，汽车按照一定控制算法实现预定的驾驶任务。

网联化是指汽车与X（人、车、路、云端（后台）等）之间通过通信和网络技术进行信息交换。智能化主要指汽车自主获取信息、自主决策和自动控制能力。智能网联汽车要实现的最终目标是高度自动化/无人驾驶。在国际上，美国汽车工程师学会（SAE）及美国国家高速公路交通安全管理局（NHTSA）分别对自动驾驶的等级做出划分，其中，SAE根据动态驾驶任务及其失效后的接管者、操作场景限定范围等，将自动驾驶划分为L0~L5六个等级，见表1-1。

表1-1 美国汽车工程师学会的自动驾驶等级划分

等级	描述	动态驾驶任务		任务失败的接管者	操作范围
		Motion Ctrl.[1]	OEDR[2]		
L0	无自动驾驶	驾驶人	驾驶人	驾驶人	—
L1	辅助驾驶	驾驶人和系统	驾驶人	驾驶人	限定
L2	部分自动驾驶	自动驾驶系统	驾驶人	驾驶人	限定
L3	有条件自动驾驶	自动驾驶系统	自动驾驶系统	应变准备用户[3]	限定
L4	高度自动驾驶	自动驾驶系统	自动驾驶系统	自动驾驶系统	限定
L5	完全自动驾驶	自动驾驶系统	自动驾驶系统	自动驾驶系统	所有场景

① Motion Ctrl：动作实施者。
② OEDR：任务及事件的检测与响应者。
③ 应变准备用户：通过系统提醒，能够及时接管系统的用户。

我国也在加快制定智能网联汽车相关标准、法规，引导行业规范化、健康、稳定发展，先后出台了《节能与新能源汽车技术路线图》《国家车联网产业标准体系建设指南（智能网联汽车）》《汽车驾驶自动化分级》等指导文件。根据我国现行标准GB/T 40429—2021要求，我国将汽车自动化驾驶分为6个等级，分别是：0级驾驶自动化、1级驾驶自动化、2级驾驶自动化、3级驾驶自动化、4级驾驶自动化和5级驾驶自动化，见表1-2。在汽车网联化方面，将网联化分为网联辅助信息交互、网联协同感知、网联协同决策与控制三个层次，见表1-3。

表1-2 我国汽车驾驶自动化分级

分级	名称	持续的车辆横向和纵向运动控制	目标和事件探测与响应	动态驾驶任务后援	设计运行范围
0级	应急辅助	驾驶人	驾驶人及系统	驾驶人	有限制
1级	部分驾驶辅助	驾驶人和系统	驾驶人及系统	驾驶人	有限制
2级	组合驾驶辅助	系统	驾驶人及系统	驾驶人	有限制
3级	有条件自动驾驶	系统	系统	动态驾驶任务后援用户（执行接管后成为驾驶人）	有限制
4级	高度自动驾驶	系统	系统	系统	有限制
5级	完全自动驾驶	系统	系统	系统	无限制

注：排除商业和法规因素等限制。

表1-3 网联化分级

网联化等级	等级名称	等级定义	控制	典型信息	传输需求
1	网联辅助信息交互	基于车—路、车—后台通信，实现导航等辅助信息的获取，以及车辆行驶与驾驶人操作等数据的上传	人	地图、交通流量、交通标志、油耗、里程等信息	传输实时性、可靠性要求较低
2	网联协同感知	基于车—车、车—路、车—人、车—后台通信，实时获取车辆周边交通环境信息，与车载传感器的感知信息融合，作为车辆自动驾驶决策与控制系统的输入	人与系统	周边车辆/行人/非机动车位置、信号灯相位、道路预警等信息	传输实时性、可靠性要求较高
3	网联协同决策与控制	基于车—车、车—路、车—人、车—后台通信，实时并可靠获取车辆周边交通环境信息及车辆决策信息，车—车、车—路等各交通参与者之间信息进行交互融合，形成车—车、车—路等各交通参与者之间的协同决策与控制	人与系统	车—车、车—路间的协同控制信息	传输实时性、可靠性要求最高

各种分类方法分别从不同的技术、行业角度出发，细节略有不同，但是，无论是何种分类，从驾驶人对车辆的控制角度来看，可分为三种形式：驾驶人对车辆具有完全控制权、只具有部分车辆控制权以及无车辆控制权。当驾驶人拥有车辆控制权时，根据车辆的智能网联程度决定驾驶人对车辆的控制程度，智能网联的等级越高，驾驶人对车辆的控制越少，自动驾驶的程度越高。

1.1.2 智能网联汽车的组成

智能网联汽车相关概念之间的相互关系如图1-2所示。智能交通是包括但不限于智能汽车在内的综合交通管理系统，包括智能道路、智能交通设施等，是智能网联汽车应用的领域。车联网体系是汽车智能化、网联化最重要的载体，只有充分利用互联技术，才能保障智能网联汽车真正拥有充分的智能和互联。

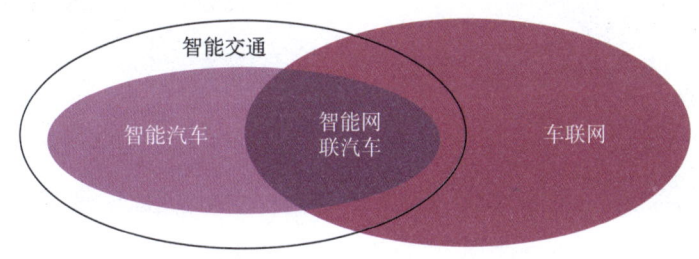

图1-2 智能网联汽车相关概念关系

智能汽车本身具备自主的环境感知能力，可以作为车联网体系的一个重要节点，通过车联网技术（Vehicle to Everything，V2X）实现车与车、车与路、车与人、车与云平台之间的信息通信。智能汽车中的感知系统，可以对周围环境进行识别，作为智能驾驶系统的决策依据。

车联网架起了智能汽车与其他对象之间的信息沟通桥梁，智能网联汽车结合了智能汽车和车联网的特点，通过车联网获得智能交通系统的信息，通过车内网络通信获得自车状态与周边环境感知信息，并通过车联网分享智能交通信息。

智能网联汽车智能驾驶的关键技术可以分为环境感知层、智能决策层以及控制执行层。

1. 环境感知层

环境感知层的主要功能是通过车载环境感知技术（如视觉、雷达、高精度定位与导航等）、车内网技术、4G/5G及V2X无线通信技术等，实现对车内与车外（如道路、车辆和行人等）静、动态信息的提取和收集，并向智能决策层输送信息，这是智能网联汽车各类功能实现的前提，如图1-3、图1-4所示。

图 1-3 智能网联汽车中的 V2X 系统

图 1-4 智能网联汽车感知交通环境

2. 智能决策层

智能决策层的主要功能是接收环境感知层的信息并进行分析、处理，做出自动驾驶行为决策。智能决策层可以根据识别到的道路、车辆、行人、交通标志和交通信号等去理解驾驶环境，分析和判断车辆需要采取的驾驶模式和决策将要执行的操作，并向车辆控制执行层输送指令。智能决策层是智能网联汽车各项功能得以实现的核心。

3. 控制执行层

控制执行层的主要功能是根据智能决策层的指令操作和控制车辆，并通过交互系统向驾乘人员提供道路交通信息、安全信息、娱乐信息、救援信息、商务办公、在线消费等信息与服务，提供安全驾驶、舒适驾乘和智能交互（图 1-5）等功能。

控制执行层主要依赖车辆底盘（转向、制动、驱动等）线控和车身电子电器（车

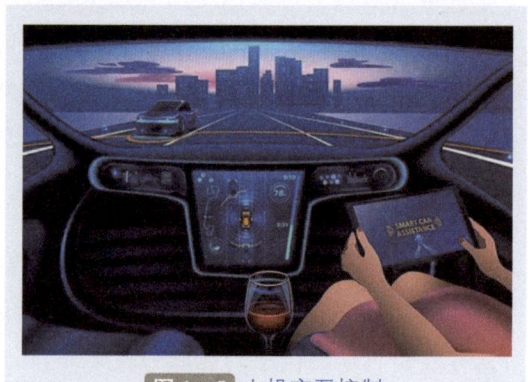

图 1-5 人机交互控制

门、车灯、仪表等）实现车辆的自动控制，以及智能网联系统与车内驾乘人员的交互。

智能化和网联化是未来汽车工业的发展趋势。通过智能化和网联化的发展提高汽车的安全性，可以通过及时预警、合理的路径规划和主动控制来避免交通事故、降低能源消耗、减轻交通拥堵压力，满足消费者更多的安全、节能、舒适等功能需求。随着各项技术的进步与发展成熟，以及消费者日益提升的需求，汽车的智能化和网联化势在必行。

智能网联汽车未来的发展趋势，从宏观角度看，是一个非常重要的移动终端，既满足出行需求又提供了各类可能的交互场景；从微观角度看，是一个具备高度集成化的智能移动空间。

智能网联汽车是一个网络互联并兼具智能化的系统，可以实现以下区别于传统汽车的典型功能。

（1）空中升级　智能网联汽车从云端接收 OTA（Over-the-Air Technology，空中下载技术）更新，驾驶人将会受益于新的安全特性和系统功能，并可以根据自己的喜好定制新服务。

（2）辅助/自动驾驶　智能网联汽车可以通过避免危险来提高驾驶人的安全性，比如在驾驶分心、有障碍物或者恶劣天气时，汽车可以提前提醒驾驶人注意道路安全；或者在驾驶人感觉疲劳或者不愿意驾驶车辆时代替人工驾驶。

（3）车辆维修/保养　车辆维修/保养是保障交通安全的另一个重要组成部分。智能网联汽车在使用的过程中，能够帮助用户避免故障。通过监控车辆零件的磨损和使用信息，结合用户的驾驶习惯预测即将到来的维修/保养需求，智能网联汽车可根据特定的车辆状况和使用情况发送维护提醒和车辆诊断报告。

（4）紧急救援　当车辆发生交通事故时，智能网联汽车可以通过紧急救援功能，自动向交管中心或维修中心发送请求紧急救援服务信息。

（5）个性化定制　智能网联汽车将向客户提供更智能、更多的定制服务方案，在保证安全驾驶的基础上定制开发客户对车辆的特殊扩展功能，以满足各类个性化需求。

智能网联汽车包括了自动驾驶汽车的感知系统、决策系统和执行系统，也包括车联网的信息交互系统等物理结构，因此需要各类关键技术实现各类典型功能，所涉及的关键技术有：

1）环境感知技术，包括机器视觉图像识别技术、雷达（激光、毫米波、超声波）周边障碍物检测技术、车辆网络通信技术、多源信息融合技术、传感器冗余设计技术等。

2）智能决策技术，包括风险建模技术、全局路径规划技术、局部路径规划技术、驾驶模式分析技术等。

3）控制执行技术，包括驱动/制动控制、转向控制、基于驱动/制动/转向/悬架的集成底盘控制、多车队列协同控制和车辆道路协调控制、人机交互技术等。

4）V2X 通信技术，包括车辆专用通信系统、车与车信息共享与协同控制通信保障机制、移动自组织网络技术、多模通信融合技术等。

5）云平台和大数据技术，包括智能网联汽车云平台架构和数据交互标准、云操作系统、数据高效存储和检索技术、大数据关联分析和数据挖掘技术等。

6）信息安全技术，包括汽车信息安全建模技术、通信加密机制、证书管理、密钥管理、汽车信息安全测试方法、信息安全漏洞应急机制等。

7）高精度地图和高精度定位技术，包括高精度地图数据模型和采集方式标准化技术、交换格式和物理存储技术、基于卫星定位系统和差分增强的高精度定位技术、多源辅助定位技术等。

8）标准与法规，包括智能网联汽车整体标准体系，以及涵盖汽车、交通、通信等各个领域的关键技术标准。

9）试验评价，包括智能网联汽车试验评价方法和试验环境建设。

1.1.3 智能网联汽车行业背景分析

1. 自动驾驶汽车技术的发展历程

在20世纪80年代，美国电视剧《霹雳游侠》中的KITT自动驾驶汽车（图1-6a）曾经风靡世界。后来，基于庞蒂亚克小型多用途车改造的无人驾驶汽车进入"机器人名人堂"。20世纪90年代后期的另一项开创性工作来自意大利帕尔玛大学的视觉实验室——vislab，他们的无人驾驶汽车，使用由双目摄像头组成的立体视觉系统，如图1-6b所示。该车在公路上进行了2000km的长途测试，无人驾驶里程占94%，速度达到112km/h。2018年，无人驾驶领域的巨头Waymo采用了菲亚特克莱斯勒的小型货车"帕西菲卡"作为其无人驾驶汽车平台（图1-6c），达到平均约16000km才需要一次人工接管的高度自动驾驶水平。日本、德国和美国的汽车制造商几乎同时开始自动驾驶汽车的研发。日本筑波工程研究实验室、德国慕尼黑国防大学和梅赛德斯联合小组、美国国防部高级研究计划局（DARPA）和卡内基梅隆大学分别以摄像头和激光雷达为基础，开发了不同的自动驾驶汽车原型，并在路试中取得了一定的突破。特别是1995年，卡内基梅隆大学的导航实验室完成了从匹兹堡到圣地亚哥的"无人驾驶"之旅，其中98.2%的里程是由无人驾驶完成的，尽管车辆速度不快，却也体现了自动驾驶技术水平的显著提升。

我国第一辆自动驾驶汽车是20世纪90年代初由北京理工大学、南京理工大学、国防科技大学、清华大学和浙江大学联合研制的ATB-1，如图1-7所示。这些学校已成为我国无人驾驶人才培养的摇篮。之后研制的ATB-2，与ATB-1相比，速度提高了3~4倍。2003年，国防科技大学与一汽合作的红旗CA7460实现了高速公路自动驾驶示范，最高车速170km/h，可以实现自动超车。

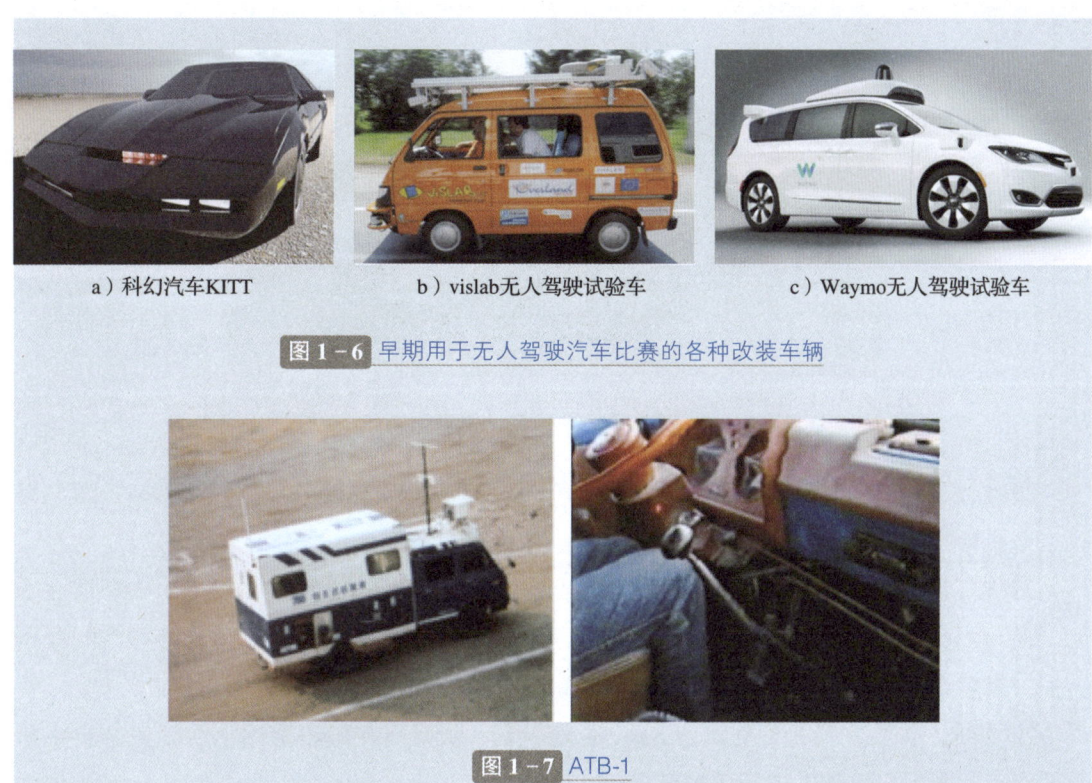

a) 科幻汽车KITT　　b) vislab无人驾驶试验车　　c) Waymo无人驾驶试验车

图1-6 早期用于无人驾驶汽车比赛的各种改装车辆

图1-7 ATB-1

2004年发生了无人驾驶领域的一项重大事件,即在美国国防部的支持下,史上第一届DARPA无人车挑战赛成功举办。第二次海湾战争开始后,美国国防部注意到在沙漠行动中士兵的伤亡,于是希望用无人驾驶来解决这个问题,便通过无人驾驶汽车比赛的方式支持相关技术的研发,并设置了巨额奖金。在这场竞赛中,许多参赛的车辆采用了激光雷达、高精度地理信息系统和惯性导航系统,至今,这仍然是许多无人驾驶汽车技术的标准配置。早期用于无人驾驶汽车比赛的车辆如图1-6所示,它们为智能网联汽车的崛起奠定了坚实的基础。从最初的沙漠赛到遵守交通规则的城市赛,连续多届DARPA赛事为自动驾驶的技术探索、市场化探索以及人才培养都做出了贡献。

DARPA无人车挑战赛也激发了中国同行的积极性。2009年,在国家自然科学基金"视听觉信息的认知计算"重大研究计划的支持下,首届中国"智能汽车未来挑战赛"在西安举行,揭开了中国系列无人车挑战赛的序幕。

2011年7月,国防科技大学自主研发的红旗HQ3无人驾驶汽车首次完成了长沙至武汉286km的高速全程无人驾驶试验,其中人工驾驶里程小于1%。相较上一代CA7460,HQ3在硬件小型化、控制精度和稳定性方面取得了显著的进步。如图1-8所示,这辆无人驾驶汽车也为国防科技大学赢得了"智能汽车未来挑战赛"系列赛的冠军。

图 1-8　红旗 HQ3 无人驾驶汽车

2015 年 12 月，百度和宝马的无人驾驶汽车在 G7 "五环高速—奥林匹克森林公园"路线上来回行驶，吸引了无数眼球。

2015 年底，特斯拉通过 OTA 的方式使其部分车辆获取了名为 AutoPilot 的辅助驾驶功能，揭开了自动驾驶产业化的序幕。2015 年下半年至 2016 年间，大量初创公司、互联网企业、汽车企业投入到智能网联汽车产业化的洪流中。

2018 年，谷歌公司的子公司 Waymo 推出了第一款可以在城市道路上实现完全自主行驶的汽车，不需要驾驶人进行监控和干预。这款汽车采用了激光雷达、摄像头、毫米波雷达等多种传感器，可以实现高精度的定位和环境感知。

长安汽车在 2020 年 3 月 10 日举办了国内首个 L3 级自动驾驶量产车体验活动，测试路段全程 23km，长安 L3 级自动驾驶系统配置了 5 个毫米波雷达、6 个摄像头、12 个超声波传感器，此外配合 ADAS 地图，可以实现自适应巡航、自动变换车道、安全过弯等功能。

2021 年 4 月 6 日，威马汽车推出了聚焦城市高频泊车场景的无人驾驶量产车型威马 W6，它在某些特定场景下可以达到相当于 L4 级别的自动驾驶，并且具有一键召唤的"黑科技"功能。威马 W6 采用的架构芯片、控制器，在感知力、智能化、自我进化力三方面的优势明显。

目前，不仅如小鹏、蔚来、华为等造车新势力不断推出高级别自动驾驶系统，老牌汽车厂商奔驰、宝马、丰田等也都推出了高级别辅助驾驶系统。自动驾驶汽车迎来了从试验到量产的重大变革。

2. 我国智能网联汽车产业战略发展要求

在智能网联汽车产业化过程中，规范化、标准化的行业引导是保持产业持续健康发展的关键，尤其是测试和评价体系的标准化。智能网联汽车技术的研发和产品应用离不开道路测试。为了保证在各种道路交通条件和使用场景下安全、可靠、高效地操作车辆，自动驾驶功能必须要在真实的交通环境中进行充分测试,以验证汽车的自动驾驶能力,并与道路、设施和其他交通参与者协同。

目前,美国、欧洲、日本等发达国家和地区已将智能网联汽车作为汽车产业未来发展的重要方向,纷纷加快产业布局。跨国汽车企业已经实现了一些 L2 级自动驾驶汽车的批量生产。一些高端品牌率先推出 L3 级自动驾驶汽车,以谷歌为代表的新技术力量也在积极进行高度自动驾驶(L4 级)、完全自动驾驶(L5 级)的开发和测试。美、欧、日等已相继出台道路测试管理规范,在场地测试、公开道路测试方面给予智能网联汽车的研发和产业化以积极的引导。

我国各级政府、相关行业组织等也在积极制定各项法规与标准,引导智能网联汽车的持续健康发展。

北京市于 2017 年 12 月发布《北京市自动驾驶车辆道路测试管理实施细则(试行)》及相关文件,确定 33 条共计 105km 开放测试道路,已发放首批试验用临时号牌。上海市 2018 年 3 月发布《上海市智能网联汽车道路测试管理办法(试行)》,划定第一阶段 5.6km 封闭试验区(图 1-9),并发放第一批公开道路无人驾驶测试号牌。重庆、保定也相继发布了相应的道路测试实施细则。

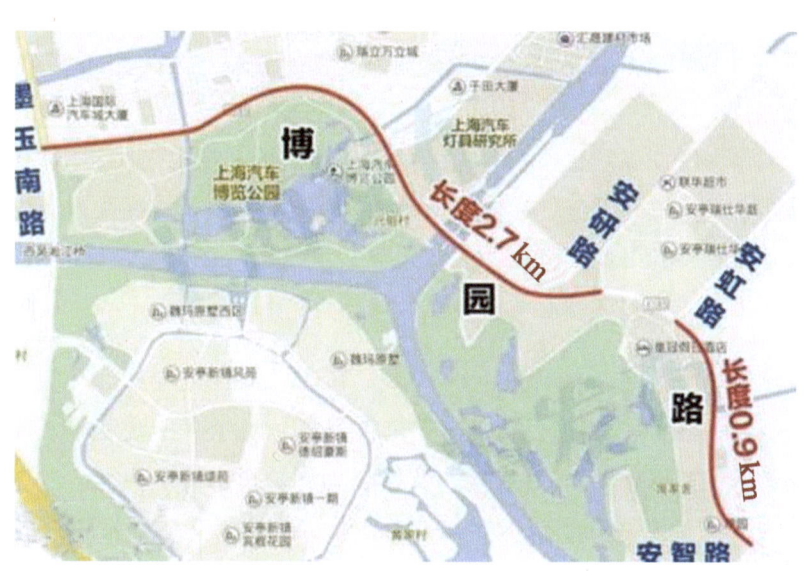

图 1-9 上海智能网联汽车封闭试验区

2018 年 4 月,工业和信息化部、公安部、交通运输部发布了《智能网联汽车道路测试管理规范(试中)》,适用于在我国境内进行的智能网联汽车道路测试,测试范围包括有条件自动驾驶(L3 级)、高度自动驾驶(L4 级)和完全自动驾驶(L5 级)。管理规范对测试对象、测试驾驶人和测试车辆制定了严格的规定;对测试主体提出了单位性质、业务范围、事故补偿能力、测试评估能力、远程监控能力、事件记录分析能力、遵守法律法规七个要求；对测试车辆提出了试验车辆注册登记、强制性项目检查、人机控制模式转换、数据记录及实时回传、特定区域测试以及第三方机构检测验证六项基本要求。

2023年7月18日，工业和信息化部、国家标准化管理委员会印发《国家车联网产业标准体系建设指南（智能网联汽车）（2023版）》。这是对《国家车联网产业标准体系建设指南（智能网联汽车）（2018版）》的继承、延伸与完善，是在对第一阶段标准体系建设情况进行客观总结、对智能网联汽车产业新需求和新趋势进行深入分析后，形成的框架更加完善、内容更加全面、逻辑更加清晰的标准体系建设指南，为智能网联汽车产业高质量发展奠定了坚实基础。

1.2 智能网联汽车的发展现状

1.2.1 国外智能网联汽车的发展现状

研究表明，先进的智能驾驶辅助技术可以减少30%左右的交通事故，提高10%的交通效率，降低5%的燃油消耗和排放。如果实现智能网联汽车的全自动驾驶，极有可能将交通效率提高30%以上，并几乎完全避免交通事故，帮助人类摆脱烦琐的驾驶任务以及交通事故带来的困扰。

在美国、日本、欧洲等发达国家和地区，自动驾驶技术是未来交通发展的重要方向。各国政府在技术研发、道路测试、标准法规和政策等方面，为智能网联汽车的发展提供了条件。为了加快自动驾驶商业化，在相关政策支持下，我国在相关领域的研发也很活跃，为自动驾驶技术的开发和测试创造了坚实的基础。

1. 美国自动驾驶汽车技术发展现状

早在2013年，美国国家高速公路交通安全管理局（NHTSA）就发布了《关于自动驾驶仪车辆控制政策的初步意见》，并制定了支持自动驾驶技术发展和推广的自动驾驶考核标准。2016年9月，为有效利用技术变化并提供指导，美国交通部发布了一项《联邦自动驾驶汽车政策》，为自动驾驶安全部署提供政策监管框架。2017年9月，美国发布了一项车辆升级与驾驶政策《自动驾驶系统：安全愿景2.0》，该政策不仅被业界视为自动驾驶汽车发展的指导方针，而且代表了美国联邦政府对自动驾驶的态度。

2017年9月，美国众议院一致通过了《自动驾驶法案（SELF DRIVE ACT, H.R.3388）》，为美国自主车辆的成功开发、技术创新、技术测试和安全部署提供了重要支持，《自动驾驶法案》的公布网站如图1-10所示。该法案要求自动驾驶汽车制造商或系统供应商向监管机构提交安全评估证书，以证明其自动驾驶汽车在数据、产品和功能方面采取了充分的安全措施。同时，该法案还要求制订隐私保护计划，其中包括收集、存储及使用车辆和乘客信息的保护措施，列出了需要考虑的 12 个优先安全设计要素，包括车辆网络安全、人机界面、防撞性、消费者教育和培训，以及碰撞后自动驾驶系统的响应等。

图 1-10　美国《自动驾驶法案》发布

2018 年 10 月，最新发布的《未来交通准备：自动驾驶 3.0》表明美国交通部将努力消除妨碍自动驾驶车辆发展的政策和法规，并支持将自动驾驶车辆纳入整个交通系统。

美国的一些州政府也有自己的政策法案，允许自动驾驶车辆的公开道路测试。加利福尼亚州（加州）是世界上第一个通过无人驾驶汽车公开道路测试官方法规的地区，也是美国国家高速公路交通安全管理局的总部所在地，开放、宽容和权威使加州成为全球无人驾驶汽车测试的主要基地。2011 年，内华达州率先通过了自动驾驶汽车立法，解决了州公路上自动驾驶汽车的路试问题。2012 年 9 月，加州出台了更加宽松的汽车驾驶法规，确立了"促进和保障无人驾驶汽车安全"的立法理念，努力为自动驾驶技术的发展扫清障碍。随后，美国包括佛罗里达州、哥伦比亚特区和密歇根州在内的数十个州颁布了数十项自主车辆交通政策和法规，以促进美国自动驾驶和人工智能产业的发展。2018 年 2 月底，加州再次放宽了无人驾驶政策，过去监管机构要求无人驾驶汽车在公共道路上进行测试时，需要有安全员负责车辆行驶与控制监管，而这一要求得到放宽，并于 2018 年 4 月 2 日起开始施行。图 1-11 为公开道路测试中的 Waymo 无人驾驶汽车。

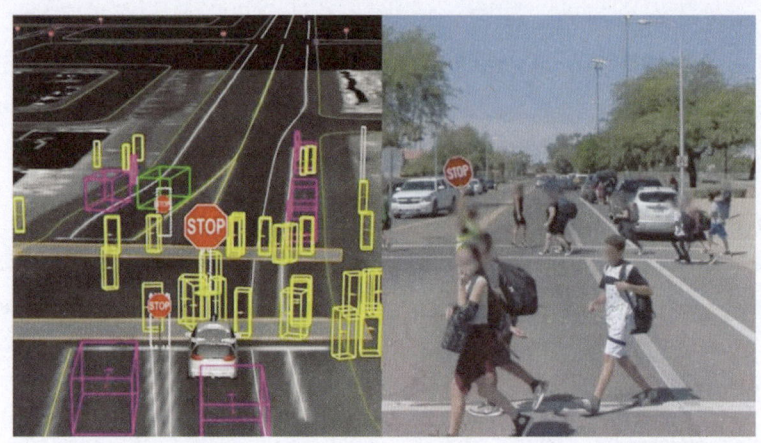

图1-11 公开道路测试中的Waymo无人驾驶汽车

2. 德国自动驾驶汽车技术发展现状

欧盟于2012年颁布法规,要求所有商用车在2013年11月之前安装紧急自动制动（AEB）系统。自2014年起,在欧盟市场销售的所有新车都必须配备AEB,没有该系统的车辆将很难获得E-NCAP五星级安全认证。沃尔沃的城市安全系统、本田的CMBS和梅赛德斯-奔驰的Pre-Safe都属于这类系统。

2017年6月,德国颁布了世界上第一部自动驾驶法,即《道路交通法修订案》,该修订案允许自动驾驶系统在特定条件下取代人类驾驶车辆,极大地促进了德国自动驾驶技术测试的发展。为此,德国率先开放了A9高速公路的部分路段用于自动驾驶技术测试。此外,德国还公布了世界上第一个针对自动驾驶的道德标准,为自动驾驶系统设计和伦理道德研究提供了强有力的支持。该准则将允许自动车辆优先处理事故,并将其纳入系统的自我学习。自动驾驶的道德准则部分内容包括：

① 自动驾驶系统必须始终确保事故比人类驾驶者少。
② 人类安全必须始终优先于动物或其他财产。
③ 当自动驾驶汽车发生不可避免的事故时,不允许基于年龄、性别、种族、身体特征或任何其他区别因素做出歧视性判断。
④ 在任何驾驶情况下,无论驾驶者是人还是自动驾驶系统,责任方必须遵守既定的道路法规。
⑤ 为了确定事故责任方,自动驾驶车辆必须配备"黑匣子",随时记录和存储驾驶数据。
⑥ 自动驾驶车辆将保留车辆记录数据的唯一所有权,该所有权可决定数据是否由第

三方保存或转发。

⑦ 尽管车辆在紧急情况下可能会自动反应，但在一个更道德和模糊的事件中，人类应该重新控制车辆。

3. 英国自动驾驶汽车技术发展现状

英国政府设立了 2 亿英镑的特别基金，以促进英国自动驾驶技术的研究、开发和部署。自 2015 年以来的三年里，该基金在英国四个城市（米尔顿凯恩斯、格林尼治、布里斯托尔、南格洛斯特郡）推广了三个自动驾驶示范项目：AutoDrive、Gateway 和 Venturer，解决了自动驾驶技术、商业模式、法律、保险和工业应用等问题。

2017 年 2 月，英国政府颁布了《汽车技术与航空法》，从保险法规的角度保护人身安全，减轻汽车制造商和软件开发商的压力，加快智能汽车技术的发展。

2017 年 8 月，英国交通部和国家基础设施保护中心发布了《联网和自主车辆网络安全的关键原则》，涵盖了个人数据安全、远程车辆控制等技术的基本原则，以确保智能车辆在设计、开发和制造过程中的网络安全和信息安全。

4. 法国自动驾驶汽车技术发展现状

早在 2014 年，法国就公布了自动驾驶汽车的路线图，政府将在未来三年投资 1 亿欧元测试自动驾驶汽车。

2016 年 8 月，法国通过了一项法令，允许对自动驾驶汽车进行道路试验，但对试验路段和试验等级有明确要求。随后，法国自动启动"人工智能发展计划"和"促进增长和企业变革行动计划"，推动自动驾驶技术的发展。

5. 日本自动驾驶汽车技术发展现状

日本把自动驾驶作为一项重要的发展战略，是重视人工智能应用和发展的国家之一。在 2017 年发布的智能交通系统（ITS）构想及路线图中，日本明确了自动驾驶技术的推广计划：2020 年左右实现高速公路上的 L3 自动驾驶、L2 自动驾驶和特定区域的 L4 自动驾驶。到 2025 年，将实现高速公路上的 L4 自动驾驶。

2018 年 3 月，日本政府在"未来投资会议"上提出了《自动驾驶相关制度整备大纲》，明确了 L3 级汽车驾驶事故责任的定义。同年 9 月，日本国土交通省正式发布《自动驾驶汽车安全技术指南》，规定了 L3 和 L4 自动驾驶汽车必须满足的安全条件。

1.2.2 我国智能网联汽车的发展现状

我国高度重视智能网联汽车的发展，2015 年，我国将智能网联汽车列为未来十年国家智能制造发展的重要领域。2016 年，发布了《节能与新能源汽车技术路线图》，明确了我国智能网联汽车技术路线图，以指导汽车制造商的发展和未来的产业发展。2017 年，《新一代人工智能发展规划》进一步明确了自动驾驶技术自主应用的战略目标。

2018 年 1 月，国家发展和改革委发布了《智能汽车创新发展战略（征求意见稿）》。其中提到，到 2020 年，我国汽车市场新型智能汽车比例将达到 50%，中高端智能汽车将以市场为导向；智能交通系统建设取得积极进展，大城市和公路 LTE-V2X 无线通信网络覆盖率约为 90%。2018 年我国 20 个智能网联汽车测试示范区见表 1-4。

表 1-4 2018 年全国 20 个智能网联汽车测试示范区

区域	数量	示范区名称
北京	1 个	国家智能汽车与智慧交通（京冀）示范区
吉林	1 个	国家智能网联汽车应用（北方）示范区（长春）
辽宁	1 个	北汽盘锦无人驾驶汽车运营项目
江苏	2 个	国家智能交通综合测试基地（无锡）
		常熟中国智能车综合技术研发与测试中心
上海	1 个	国家智能网联汽车（上海）A NICE CITY 示范区
浙江	3 个	杭州云栖小镇 LTE-V 车联网示范区
		桐乡乌镇示范区
		嘉善产业新城智能网联汽车测试场
福建	2 个	平潭无人驾驶汽车测试基地
		漳州无人驾驶汽车社会实验室（厦门）
广东	2 个	深圳无人驾驶示范区
		广州智联汽车与智慧交通应用示范区
四川	2 个	德阳 Dicity 智能网联汽车测试与示范运营基地
		成都中德智能网联汽车四川试验基地
重庆	2 个	重庆 i-VISTA 智能汽车集成系统试验区
		重庆中国汽研智能网联汽车试验基地
武汉	2 个	武汉"智慧小镇"示范区
		武汉雷诺自动驾驶示范区
湖南	1 个	湘江新区智能系统测试区

2018年4月，工信部、公安部、交通运输部联合发布了《智能网联汽车道路测试管理规范（试行）》，批准了全国20个智能网联汽车测试示范区。《智能网联汽车道路测试管理规范（试行）》是指导智能网联汽车测试的指导性文件，截至2018年12月，在北京、上海、重庆、无锡等地已经建立了16个自动驾驶汽车试验场地。

2022年11月，在工业和信息化部和公安部联合发布的《关于开展智能网联汽车准入和上路通行试点工作的通知（征求意见稿）》中，也对智能网联汽车的发展给予多个具体的政策支持。在多项政策叠加支持下，智能网联汽车应用场景越发广阔。

从目前的智能网联汽车场景应用清单来看，其主要涵盖三大类近20项应用场景。

第一类：前沿技术研发类场景。

涵盖公路自动驾驶测试、智能城市基础设施与智能网联汽车协同发展、高级别自动驾驶的网联云控场景、智能网联汽车核心零部件与车规芯片上车测试等应用场景。

第二类：城市服务应用类场景。

涵盖无人车驾驶、无人车配送、无人车零售、自动驾驶出租车（环卫车、微循环接驳车、公交车、物流车等）、智慧交管解决方案、云平台智能交通数据、自动泊车等。

第三类：跨界类融合创新类场景。

涵盖各类创新自动驾驶测试、网络安全与智能网联汽车融合应用、智能网联汽车数据与区块链技术、卫星互联网与汽车网联技术融合等。

我国智能网联汽车的推进见表1-5，可分为四个阶段：自动驾驶辅助、网联驾驶辅助、人机共驾和高度自动化/无人驾驶。

表1-5 我国智能网联汽车的发展阶段

阶段	技术实现	不同阶段功能及技术状态说明
1	自动驾驶辅助	自动驾驶辅助系统以车辆环境传感系统为依托，包括两种类型：预警系统和控制系统。其中，预警系统包括正面碰撞预警系统（FCW）、车道偏离预警系统（LDW）、盲区预警系统（BSW）、驾驶人疲劳预警系统（DFM）、全景观测系统（MVC）、胎压监测系统（TPMS）等，控制系统包括车道保持系统（LKA）、自动停车辅助系统（PLA）、自动紧急制动系统（AEB）、自适应巡航系统（ACC）等 美国、日本、欧洲等发达国家和地区已开始将自动驾驶辅助系统引入相应的新车评价系统中。从2011年开始，美国新车评估引入了测试条例，自2013年以来，将FCW系统作为评价指标之一。欧洲新车评估法规引入了LDW/LKA和AEB系统评估、2016年的新行人AEB测试以及2018年的自动避碰AEB系统测试 目前，自动驾驶辅助系统的核心技术和产品仍然掌握在国外公司手中，特别是在基础车辆传感器和执行器领域。博世、德尔福、天合、法雷奥等公司垄断了我国国内大部分市场。近年来，我国也出现了一批自动驾驶辅助系统领域的独立公司，例如深圳前向启创、苏州智华、南京创来科技、上海纵目科技、武汉极目科技、腾讯神眼、中天安驰、径卫视觉等，这些公司在某些方面与国外品牌有一定的竞争，但仍存在较大差距

(续)

阶段	技术实现	不同阶段功能及技术状态说明
2	网联驾驶辅助	网联驾驶辅助系统是一种依靠信息和通信技术来感知车辆周围环境并预测周围车辆未来运动来帮助驾驶人驾驶的系统。通过现代通信和网络技术，汽车、道路、行人等交通参与者不再孤立，所有参与者都成为智能交通系统中的信息节点。在美国、日本、欧洲等发达国家和地区，基于车辆-道路通信/车辆-车辆通信的网联驾驶辅助系统正在进行实用技术开发和大规模的现场测试 我国清华大学、同济大学等高校和长安汽车等企业也开展了车路协同技术应用研究与示范试验，2015年以来，在工信部的支持下，上海、北京、重庆等地开始积极建设智能网联汽车测试示范区。我国华为公司和大唐公司推出的LTE-V系统具有兼容蜂窝网络和顺利过渡到5G系统的优点，在国际市场上与DSRC（专用短程通信技术）形成了竞争优势。但是，国内相关产业也存在一些问题，缺乏美国、日本、欧洲等国家和地区大型项目的支持，企业之间没有协同效应。因此，网联驾驶辅助系统的发展相对缓慢
3	人机共驾	人机共驾是指驾驶人与智能系统同时共享对车辆的控制，人机结合完成驾驶任务。与普通驾驶辅助系统中驾驶人人工控制的优先级高于智能系统相比，人机共驾中人工控制与智能系统具有同等的优先级，将智能化水平提升到更高的等级，人机同时具备独立完成驾驶任务的能力 人机共驾包括三个层次：感知层、决策层和控制层 感知层主要利用特定的超声波传感器、摄像机、红外热电等传感器为驾驶人提供环境信息，增强驾驶人的感知能力，提高车辆的安全性 决策层的主要技术包括驾驶人决策意图识别、驾驶决策辅助和轨迹引导。例如，采用多层压缩方法，根据实际道路建立驾驶人换道意图的预测模型，有效预测驾驶人在实际换道行为发生前3s换道的意图。针对交通控制和物理避障的约束条件，结合车辆的非线性动力学特性，得到一种基于模型预测控制方法的预测轨迹制导模型，以辅助驾驶人决策，并利用人机交互进行轨迹制导 控制层中人机控制状态的转换是相互协同、相互制约的，要求智能系统具有更高的并行智力程度。该系统不仅能识别驾驶人的意图，而且能达到相同的驾驶决策速度，提高车辆的感知、决策、控制水平，降低驾驶人的操作负荷
4	高度自动化/无人驾驶	驾驶人不需要参与车辆操作，车辆将在所有条件下自动完成驾驶。其中，L4级别自动驾驶遇到无法控制的驾驶条件时，车辆将提示驾驶人接管。如果驾驶人不接管，车辆将采用保守的方式，如侧边停车，以确保安全。在L5级别自动驾驶阶段，车辆没有驾驶人，需要在所有驾驶条件下自动驾驶并确保安全。目前，以百度为代表的L4级别自动驾驶系统已经开始投入试产

虽然智能网联汽车产业目前正处在高速发展阶段,但受制于当下的各项技术和市场落地应用的限制,目前国内智能网联汽车主要还是以 L1~L2 级辅助驾驶为主。要想实现 L3 级及以上的辅助驾驶产业规模化应用,还需要较长时间的探索。

从汽车品牌端来看,目前包括赛力斯在内的长城、北汽、小鹏、理想、上汽、长安等车企均已完成 L2 级辅助驾驶系统新车在市场上的大规模普及应用。

从 2021 年我国新车辅助驾驶渗透率来看,L1 + L2 级智能辅助驾驶约为 39%,L1、L2 级新车占比分别约为 15% 和 24%,如图 1-12 所示。新车辅助驾驶渗透率基本占据市场新车总量的 2/5,且这一数据随着智能网联汽车技术产业的完善,将逐年递增。

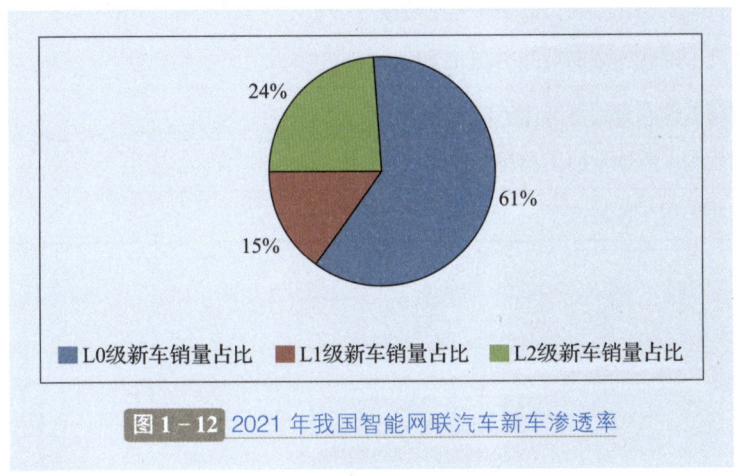

图 1-12　2021 年我国智能网联汽车新车渗透率

目前,我国汽车技术正朝着电动化、智能化、网联化、共享化的"四化"方向发展,为汽车工业的发展带来了巨大的挑战和机遇。信息技术、网络技术等先进技术的运用将全面升级传统汽车产业,并与互联网产业深度融合。智能网联技术被认为是汽车诞生一百多年来最具革命性的技术变革,在世界新一轮技术革命的影响下,未来汽车工业必将经历一次突破性的创新。

智能网联汽车是人工智能与传统汽车相结合的创新产品,是汽车工业发展的必然趋势。网联技术是实现车辆与外界信息共享和控制协调、实现自动驾驶的重要手段。我国正在加快下一代 5G 通信网络部署,推进智能化城市道路基础设施等交通建设,满足网联功能测试需求,促进车路协同发展。智能网联汽车既是技术创新,又是社会创新,无论是从法律、法规和政策方面,还是从道德和伦理方面,我们都必须有勇气和耐心去推动智能网联汽车产业的稳定、持续和健康发展。

思考题

本章的学习目标，你已经达成了吗？请通过思考以下问题的答案进行结果检验。

序 号	问 题	自检结果
1	智能网联汽车的定义是什么？	
2	智能网联汽车在智能化层面，通常可配哪些传感器？	
3	智能网联汽车要实现的最终目标是什么？	
4	我国在汽车智能化方面可分为哪几个层面？	
5	我国在汽车网联化方面可分为哪几个层面？	
6	我国制定了哪些自动驾驶测试的相关规定？	
7	智能网联汽车所涉及的关键技术有哪些？	
8	智能网联汽车与传统汽车相比具有哪些典型功能？	

第 2 章　视觉传感器在智能网联汽车中的应用

学习目标

1. 熟悉视觉传感器的种类
2. 了解单目视觉传感器的原理和特点
3. 了解双目视觉传感器的原理和特点
4. 了解红外夜视视觉传感器的原理和特点
5. 了解智能网联汽车领域中的图像处理方法及应用
6. 熟悉视觉传感器在智能网联汽车中的应用

要想实现汽车的自动驾驶功能，必须使汽车具备环境感知的能力，充分了解和认识环境。本章主要介绍视觉传感器在智能网联汽车中的应用。首先，介绍视觉传感器的种类和原理；然后，介绍智能网联汽车领域中的图像处理方法；最后，介绍视觉传感器在智能网联汽车中的实际应用。

扫一扫

视觉传感器的工作原理及分类

2.1　视觉传感器的种类和原理

视觉传感器成本低廉，获取的环境信息直观，在车载领域得到了广泛应用，比如目前常见的倒车影像和 360°全景环视系统，都使用了鱼眼摄像头。同时，随着各类图像处理方法的发展，以及图像处理芯片成本的持续降低，使用视觉传感器实时获取环境信息成为一种可行的车载应用方案。因此，视觉传感器成为目前智能网联汽车广泛使用的传感器，如图 2-1 所示。

视觉传感器又称为成像装置或摄像装置，是智能车辆路径识别模块中的重要组成部分，可以检测可见光、紫外线、X 射线、近红外光等，实现视觉功能的信息采集、转换和扩展，提供可视化、真实、多级、多内容的视觉图像信息。视觉传感器主要由光源、镜头、图像传感器、模数转换器、图像处理器、存储器等部分组成，如图 2-2 所示。它的核心元件是图像传感器，作用是将镜头所生成的图像转变为数字和模拟信号输出。图像传感器分为 CCD 图像传感器和 CMOS 图像传感器两种。

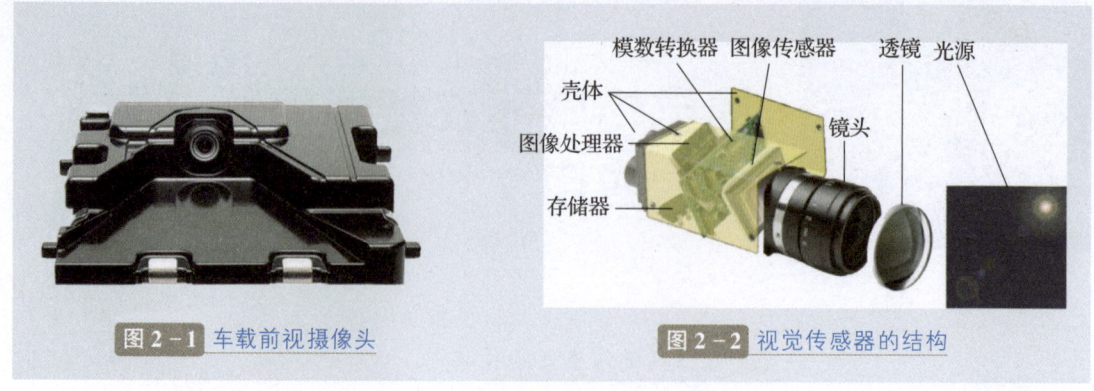

图 2-1 车载前视摄像头　　　　图 2-2 视觉传感器的结构

CCD 图像传感器是一种半导体芯片，能够将光线转变为电荷，再通过模数转换器芯片转换成数字信号。CCD 传感器由许多独立的感光单位组成，通常以百万像素为单位。当 CCD 表面受到光照时，每个感光单位都会将电荷反映到组件上，所有的感光单位产生的信号加在一起，就构成了一幅完整的图像。CCD 像素数目越多，单一像素尺寸越大，收集到的图像就会越清晰。

CMOS 图像传感器是利用硅和锗这两种元素所做成的半导体，这些半导体组成像素阵列，当被外界光照射后，发生光电效应产生电流，被处理芯片记录并解码成影像。

CCD 和 CMOS 传感器在数据传输方式上存在差异。在 CCD 图像传感器内部，每一行中每一个像素的电荷数据都会依次传送到下一个像素中，由最底端部分输出，再经由传感器边缘的放大器进行放大输出；而在 CMOS 图像传感器中，每个像素都会邻接一个放大器及 A/D 转换电路，用类似内存电路的方式将数据输出。造成这种差异的原因在于，CCD 的特殊工艺可保证数据在传送时不会失真，因此各个像素的数据可汇聚至边缘再进行放大处理；而 CMOS 工艺在数据传送距离较长时会产生噪声，因此，必须先放大再整合各个像素的数据。

CCD 图像传感器的优点是灵敏度高、噪声小、信噪比大；缺点是成本高、制作复杂、良品率低、功耗大。另外，CCD 图像传感器的采集速度慢、高感差，并不适应高速拍摄的需求。虽然 CMOS 图像传感器成像质量不如 CCD 传感器，但是 CMOS 因为耗电小（仅为 CCD 芯片的 1/10 左右）、体积小、重量轻、集成度高、价格低，迅速得到各大厂商的青睐，目前除了专业摄像机，大部分带有摄像头的设备使用的都是 CMOS 传感器。

视觉传感器类型繁多，分类方法多样。按照传感器摄像头的数量分类，有单目视觉传感器、双目视觉传感器、三目视觉传感器和环视视觉传感器（图 2-3），按传感器的工作原理分类，有可见光和红外夜视等多种类型。

  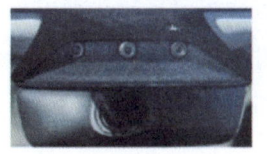 

单目摄像头　　　　双目摄像头　　　　三目摄像头　　　　环视摄像头

图 2-3　视觉传感器的种类

2.1.1　单目视觉传感器的原理和特点

单目视觉传感器的工作原理是先识别后测距，首先通过图像匹配对图像进行识别，然后根据图像的大小和高度进一步估计障碍物和车辆移动时间。在算法设计过程中，需要用待识别目标的图片构建样本数据库，并由算法去学习这些图片中的特征，在实际应用时，就可以根据已经学习到的特征，识别目标。要识别各种车型，需要建立车型数据库；要识别动物就需要建立动物数据库；要识别人类或者自行车等交通参与者，也需要建立相应的模型数据库。样本数据库容量越大，计算机视觉算法就可以越准确地识别目标，同时避免误识别。

目前辅助驾驶领域的单目摄像头可识别 40~120m 的范围，未来将达到 200m 或更远。单目摄像头的视角越宽，可以检测到的精确距离越近；视角越窄，可以检测到的精确距离越远。

单目摄像头是自动驾驶车辆系统中最重要的传感器之一，通过车道线检测和车辆检测，可以实现车道保持和自适应巡航功能，如图 2-4 所示。它具有成本低、帧速率高、信息丰富、检测距离远等优点，但易受光照、气候等环境影响，缺少目标距离等深度信息，对目标速度的测量也有一定影响。

智能网联汽车传感系统使用单目摄像头是一种很好的方法，但也有明显的问题，比如依赖大量训练样本、特征提取过程难以观测和调整等。由于传感器的物理特性，摄像头测距精度远低于激光雷达和毫米波雷达。因此，在实际应用中，需要结合激光雷达和毫米波雷达等其他传感器进行探测，这些传感器在各自的约束条件下能够发挥各自最优的性能，各类传感器的融合将大大提高目标检测的精度。传感器融合是感知的核心理念，不同的传感器需要利用各自的优点，克服各自的缺点，实现相互补偿。

图 2-4　单目摄像头的应用

另外，单一的摄像头由于镜头角度、探测范围和精度有所不同，在实际应用中经常采用组合的单目摄像头来实现不同的环境检测，如：

①长焦摄像头和短焦摄像头组合的方式，提供远距离精确探测和近距离大范围探测的综合检测。

②四个鱼眼摄像头分别布置在车辆的前后左右，通过图像拼接提供环视功能。

2.1.2 双目视觉传感器的原理和特点

双目视觉传感器的工作原理是先测距再识别，车载双目摄像头如图 2-5 所示。

在距离测量阶段，先利用视差直接测量物体与汽车之间的距离，原理与人眼相似。当两只眼睛注视同一物体时，存在视差，分别闭上左右眼看物体时，会发生感觉位移，这种位移大小可以用来测量目标物体的距离。

在目标识别阶段，双目摄像头仍然使用与单目摄像头相同的特征提取和机器学习算法来进一步识别目标。

双目摄像头利用仿生学原理，通过标定后的双目摄像头获得同步曝光图像，然后计算得到二维图像像素的三维深度信息。

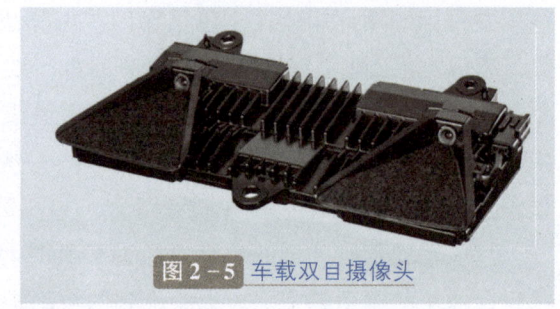

图 2-5 车载双目摄像头

双目摄像头利用视觉计算原理，可以计算出拍摄场景中物体的三维空间位置信息。在此基础上，可以实现环境感知、体感、建模和行为识别等多种应用。与单目摄像头相比，双目摄像头更适用于获取单目摄像头无法准确识别的信息。

如图 2-6 所示，双目摄像头由于自身的测距原理，会要求两个镜头之间的误差越小越好。如果两个镜头的误差都大于 5%，那么在识别过程中调整算法的难度就会大得多，不能保证测距确定性。

双目摄像头可以在不识别目标的情况下获得距离数据。双目摄像头生成的深度图不能直接用于自动紧急制动等功能，与单目摄像头一样，也需要对目标做出识别，此时仍然要利用单目摄像头一样的特征提取和自学习等图像处理算法。

双目摄像头本身的安装要求很高，例如，摄像头之间的距离在 10~20cm，这个距离需要非常精确，因为它直接关系到测距的精度。由于汽车所处的环境复杂多变，工作环境温度要求在 -40~85℃，传统器材存在热胀冷缩问题，这将影响两个摄像头透镜之间的距离。

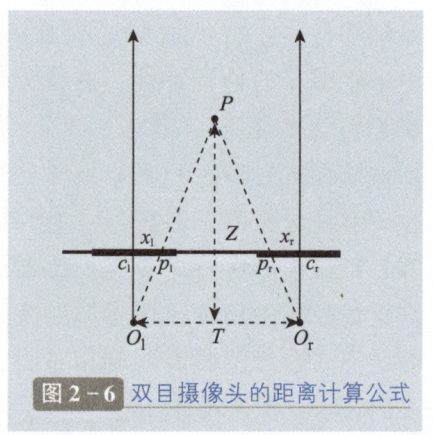

图 2-6 双目摄像头的距离计算公式

由于目标距离越远,视差越小,双目摄像头在 20m 内测距精度较高,随着距离增加,可以通过高像素摄像头和更优秀的算法来提升测距性能。双目镜头间距对测距精度也有较大影响,镜头间距越小,检测距离越近;镜头间距越大,检测距离越远,同时标定和安装难度越大。考虑车载设备安装布置和标定等因素,镜头间距也不能过大,因此双目摄像头的测距能力也受到了约束。

双目摄像头兼具图像和激光测量的特点,也有自身安装、标定和算法方面的挑战。在实际应用中,双目摄像头可以获取比激光雷达更密集的点云数据,但是需要强大的算法适配才能进一步做出分类、识别和目标跟踪,同时也需要具有较强计算力的嵌入式芯片,才能使其优势得到发挥。

2.1.3 红外夜视视觉传感器的原理和特点

基于可见光的视觉传感器,在夜间成像困难,而红外系统在这个时候就能发挥自身独特的优势。

自然界中一切温度高于绝对零度的物体,每时每刻都会向外辐射红外线。红外线辐射的物理本质是热辐射,也是一种电磁波。红外线是从物质内部发射出来的,产生红外线的根源是物质内部分子热运动。

红外线通常指波长为 0.78~1000μm 的电磁波,红外波段的短波端与可见光的红光部分相邻,长波端与微波相接,如图 2-7 所示。红外线与电磁频谱的可见光一样,以光速传播,遵循同样的反射、折射、衍射和偏振等定律,因此其成像的原理与前面介绍的视觉传感器完全一样。

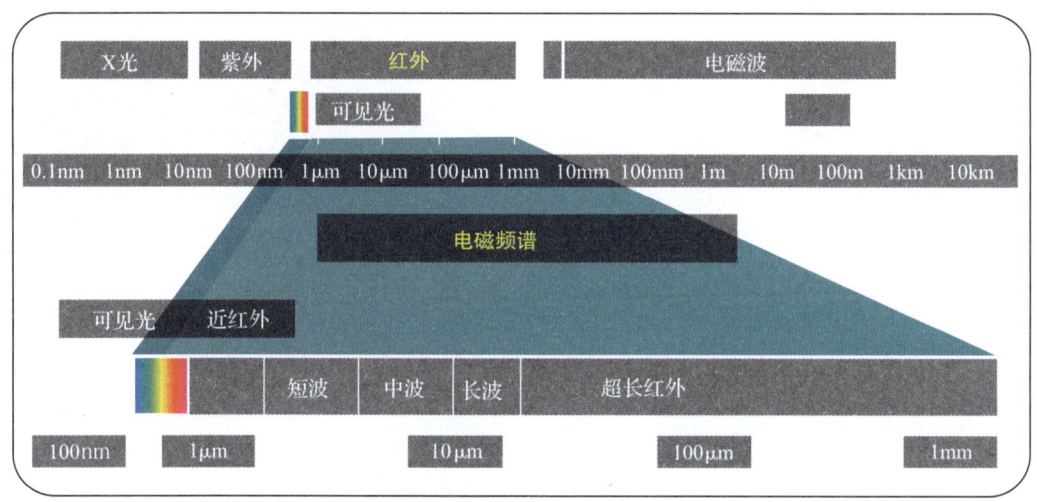

图 2-7 红外线与可见光波段

基于红外热成像原理，通过红外光学系统，将视场内景物的红外线聚焦到红外探测器上，红外探测器再将强弱不等的辐射信号转换成相应的电信号，然后经过放大和视频处理，形成可供人眼观察的视频图像，如图 2-8 所示。

红外夜视可以分为主动和被动两种类型。被动红外夜视技术，利用目标发出的红外线形成环境的热图像；主动红外夜视技术，通过主动向外发射强红外线，再由反射光学系统的物镜组接收，在红外成像管的光电阴极表面形成被测目标的红外图像。

红外夜视系统是视觉传感器一个独特的分支，图像处理算法在处理红外夜视图像过程中依然能够发挥作用，因此红外夜视系统能够像可见光摄像头一样，获取环境中的目标大小和距离

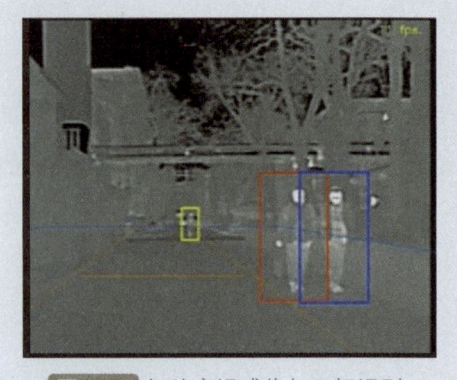

图 2-8 红外夜视成像与目标识别

等信息，在光照不足条件下是对基于可见光的视觉传感器的一种有效补充。

2.1.4 多个视觉传感器的组合应用

在汽车智能驾驶中，通过组合不同焦距和不同仰角的多个单目摄像头，可以获得不同位置的交通标志、信号灯和各种道路标志的检测和识别能力。例如，在长焦摄像头的成像中，100m 处的交通灯足够大，100m 处的交通标志上的数字清晰可见。而在短焦距摄像头的成像中，100m 处的交通标志上的数字是完全不清楚的。因此多个单目视觉传感器的组合方案在智能网联汽车领域得到了广泛的应用。

汽车驾驶的动态环境是不断变化的，正确而充分地理解环境是智能网联汽车感知系统面临的重要挑战。如图 2-9 所示，由三个单目摄像头构成的三目摄像头划分为不同的视场角，如 25°视场、50°视场和 150°视场。其中，25°视场探测距离远，用于检测前车道线和交通灯；50°视场探测距离和范围均衡，用于一般的道路状况监测；150°视场探测范围广，用于检测平行车道、行人和非机动车行驶的状况。三目摄

图 2-9 三个单目摄像头组合

像头可以获得覆盖范围更大的视场角，从而有效获得道路状况、行人和交通灯等信息。

随着智能驾驶水平的提高，对车辆上传感器的数量和要求也在增加。单就视觉而言，仅仅通过环视或二维视觉很难满足复杂环境感知的需求，对多维立体视觉的需求会越来越突出，如何通过各类传感器的组合实现对环境变化的适应和感知，是目前视觉传感器及图像识别算法领域面临的挑战。

2.2 智能网联汽车领域图像处理方法

智能网联汽车中使用的图像处理方法主要来源于计算机视觉中的图像处理技术。传统的计算机视觉识别过程大致可分为图像输入、预处理、特征提取、特征分类、匹配和完全识别这几个步骤,包括各关键领域的技术研究,如输入图像噪声的平滑、对比度增强和边缘检测信号的预处理、分类识别结果的再处理等算法。在智能网联汽车应用领域中,图像识别主要用于车牌、道路边界、车道线、交通信号、交通标志、车辆/行人等交通参与者、自由行驶空间等对象的感知。

视觉传感器通过数字化的图像对环境信息编码,编码的目的是使信息可以被计算机处理。典型的颜色模型有灰度、RGB、CMYK 等,根据颜色编码、图像属性、分辨率、压缩方式等特征,一些标准的图像格式如 BMP、JPG(JPEG)、PNG、TIF、GIF、PCX、TGA、EXIF、FXP 等被定义用于标准化和结构化图像的存储。

下面以 BMP 位图为例简述图像的数字化编码过程,如图 2-10 所示。位图又称点阵图像、位映射图像,它是由一系列像素组成的可识别的图像。位图应用比较广泛,是一种

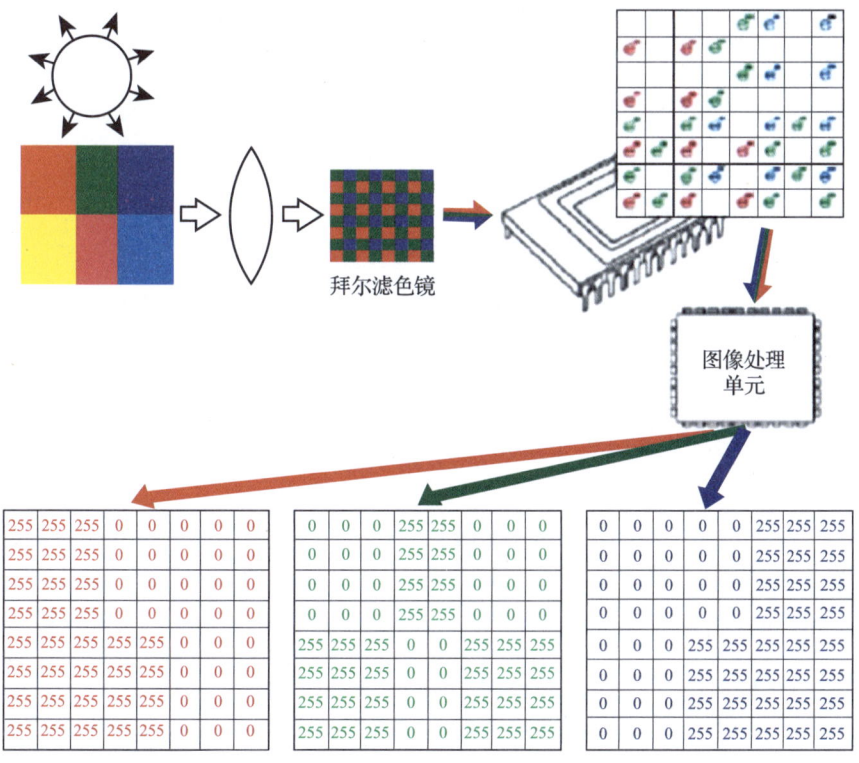

图 2-10 使用 RGB 编码格式实现图像采集和编码的过程

与硬件设备无关的图像文件格式。位图的分辨率指图像矩阵中纵向和侧向像素点的数量乘积。在读取过程中，扫描方式是按从左到右、从下到上的顺序遍历每个像素点，像素点存储该点的颜色编码。位图中颜色编码通常采用 RGB 或 CMYK 方式，其中 RGB 多用于屏幕显示，CMYK 多用于印刷。典型的 BMP 图像文件由头数据和信息数据构成，其中头数据包含图像文件的类型和显示内容等信息，信息数据包含 BMP 图像的宽、高、压缩方法，以及定义颜色等信息。

计算机视觉技术试图建立能够从图像中获取信息的人工智能系统。视觉传感器获取的编码后的数字图像，为视觉算法提供结构化的数据，智能网联汽车中涉及的图像处理算法，就是在结构化的图像信息提取其中包含的环境特征。机器视觉算法的基本步骤包含图像数据的解码、图像特征的提取、识别图像中的目标。图像处理算法包括传统的机器视觉，以及基于人工神经网络的深度学习等技术。

图像数据的解码是利用前文叙述的图像标准，将图像中的信息提取出来，从而进行后续的特征提取等。图像特征的提取是机器视觉中重要的环节，图像是一种矩阵式的点存储方式，通常用统计学等方法对图像矩阵进行转换，获取可用于计算机处理的特征信息。特征提取的过程在信息处理中是一种对数据进行降维的处理方式，目的是找出待识别的各类目标在图像中的典型特征，并通过计算机算法及数据结构描述图像中的特征点，进而就可以通过特征描述判断特征是否匹配，判断当前图像中是否存在待识别目标，以及待识别目标在图像中的位置。

在传统的图像处理算法中，需要人工设计图像中的典型特征，下面举例介绍几种典型的人工图像特征。

（1）SIFT 特征　尺度不变特征变换（Scale-Invariant Feature Transform，SIFT）在不同的尺度空间搜索特征点及其方向，获取图像中的目标特征。SIFT 所查找到的特征点是不因光照、仿射变换和噪声等因素而变化的突出点，如角点、边缘点、暗区的亮点及亮区的暗点等。

（2）HOG 特征　方向梯度直方图（Histogram of Oriented Gradient，HOG）特征通过计算和统计图像局部区域的梯度方向直方图来构成特征。HOG 特征结合 SVM 分类器被广泛应用于图像识别中，尤其在行人检测中获得了极大的成功。

（3）Haar-like 特征　Haar-like 特征由边缘特征、线性特征、中心特征和对角线特征构成，这三类特征组合成特征模板。特征模板内有白色和黑色两种矩形，该模板的特征值为白色像素之和与黑色像素之和的差值。Haar-like 特征值反映了图像的灰度变化情况。

人工特征有直观、可分析等优势，在图像识别领域得到了广泛的应用。在实际应用中，还需要考虑相关算法的计算效率和特征描述的普适性等，所以一些评价特征的性能指标被提出来，如特征对旋转、尺度缩放、亮度变化的不变性，特征对视角变化、仿射变换、噪声的稳定性。

人工特征的缺点在于需要对图像中的结构化信息有深入的理解，并构建可直观区分且能通过数字处理方法提取的特征。

随着人工神经网络的发展和图像识别等相关数据集容量的不断增加，以及 GPU 等并行数据处理芯片的广泛应用，使得多层神经网络训练并提取特征成为可能。神经网络逐层提取图像矩阵中的数学特征，层间递进地组合为全局特征，最终实现面向计算的特征提取。多层神经网络的机制与 SIFT 和 HOG 的图像梯度直方图等人工特征在直观描述上有很大不同。但是，一些研究过程的可视化显示，多层神经网络前端网络层本质上是计算边缘梯度和其他简单的操作，类似人工特征的设计，在后端网络层将局部模式组合成更全局的模式。最终结果是通过数据集训练后的神经网络，学习得到目标包含的典型特征，构成强大的特征提取器。

例如，比较典型的卷积神经网络（CNN），是一种根据脑科学对人类感知机理进行研究而探索出的计算机特征学习算法。在图 2-11 中显示了卷积神经网络提取图像特征实现目标识别的过程。首先，通过对网络结构超参数的设计，确定网络的结构；然后，将样本图像提供给网络进行自学习，确定网络中各项参数；最后，就可以使用确定好各项参数的网络对实时获取的图像进行处理，从而获得已经训练后的环境/目标特征。这种特征是通过学习和训练人工神经网络获得的，与人工设计的特征有显著的区别。

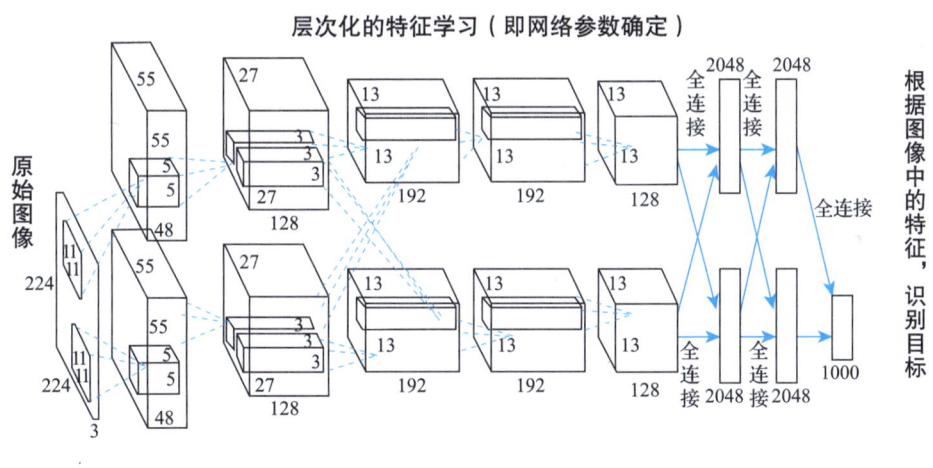

图 2-11　卷积神经网络提取图像特征示意图

目前，现有的基于人工神经网络的目标检测与识别算法大致有三类：基于区域建议的目标检测和识别算法、基于回归的目标检测与识别算法、基于搜索的目标检测与识别算法。

人工神经网络使计算机能够模拟人类思维，从而实现自学习，这种识别方法可以消除图像处理过程中人工特征的设计、提取、预处理等步骤，将感知过程简化为输入图像-输出结果的两个步骤，使得视觉系统能够快速理解环境，并具有自适应、高度并行性、鲁棒性的特点。

图像识别算法在智能网联汽车领域的典型应用如下。

1. 车道检测

车道检测的目标主要是检测车道线的形状和车辆在车道上的位置，车道线的形状包括宽度和曲率等几何参数，车辆位置包括车辆和道路的横向偏移和偏航角。

在现代道路设计中，道路设计模式相对固定。因此，对于公路等道路类型，车道的几何模型可以用固定的形式表示。车道由圆弧、直线与曲线构成，这些几何元素之间由缓和曲线（不同曲率的圆弧）或直线连接过渡，车道与路面车辆的几何模型元素包括车道曲率、弧长、偏航角等。基于视觉的车道线检测方法有霍夫变换、透视变换、边缘点拟合等。得到车道线原始特征的过程除了视觉图像外，还可以通过激光雷达扫描。

（1）基于霍夫变换的车道线检测　霍夫变换用图像空间的边缘数据点计算参数空间中的参考点的可能轨迹，并在累加器中统计轨迹上的参考点，最后选出参考点最多的轨迹。该轨迹表明在图像空间上有一共线点较多的线，即图像待识别中的车道线。霍夫变换检测方法准确简便，缺点是无法识别曲率半径大于 100m 的车道线，还需要融合仿射变换、边缘点拟合等其他检测方法进行深入学习和算法设计。

（2）基于仿射变换的车道线检测　通过仿射变换将前方的路面图像转换为俯视图，并提取俯视图中的车道线。仿射变换方法的优点是能找到多车道线，实时性好，但应用于复杂道路的稳定性差，仿射变换时图像丢失较多，变换后的车道线在仿射图中有时检测不到，受周围物体遮挡的影响严重，不适用于路况复杂、摄像头视角小的前方视野。

（3）基于边缘点拟合的车道线检测　当车道线为白色，路面为灰色时，车道线和路面之间有稳定的灰色差。边缘点拟合的原理是通过合理的图像灰度阈值设定，可以提取车道线的边缘。该方法的优点是计算量小，能拟合出曲率较大的车道线；缺点是环境适应性差，易受光照干扰，稳定性差。

车道线在检测时很容易丢失，为了保证检测精度，使用跟踪算法可以提高检测速度和精度。车辆的行驶过程是连续位移过程，相应的车道情况也是连续变化的，如果图像中两帧前后车道线斜率相差不大，位置距离也不会太远，因此可以通过比较前后两帧来控制车道线的斜率，在先前检测到的车道线区域附近进行限定。

跟踪的作用是预测道路特征在下一帧图像中的位置，以缩小检测范围，并提高效率。如图 2-12 所示，如果在预测范围内未检测到道路特征，则使用算法或方法估计或参考上一帧特征的位置。如果连续帧未检测到道路特征，则启动全图像道路特征检测。车道状态需要考虑车道位置、速度、横摆角和车辆行驶角度之间的关系。跟踪算法为后续检测缩小了搜索范围的同时，实现了在摄像头遮挡、车道线不清晰时检测的连续性和稳定性。

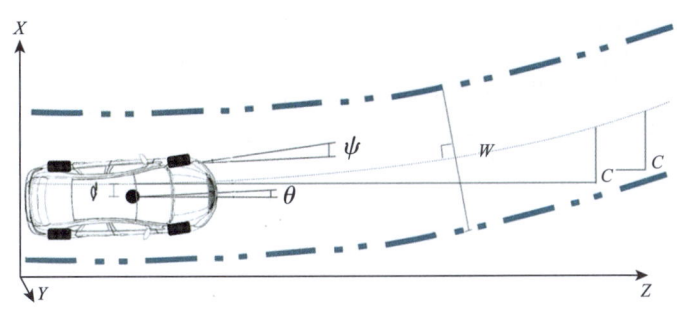

图 2-12 车道线检测中的跟踪

2. 语义分割

语义分割是计算机视觉的一种图像处理方式,它的目标是将整个图像分成多个像素组,然后对分割出来的图像进行标记和分类。具体是指图像处理算法试图从语义上理解图像中每个像素的角色,该物体是汽车还是其他分类的物体,除了识别人、路、车、树等,还必须确定每个物体的边缘,需要使用语义分割模型来对物体做出像素级的分割,并通过语义形式提供物体的特征和位置等信息。

在图 2-13 所示的语义分割实现例子中,原始图像经过深度学习网络进行逐层特征提取、像素级分割、特征识别、语义标注等过程,实现对图像中各类目标的识别、分类、语义信息标注,为智能网联汽车更丰富功能的实现,提供更多、更全面的环境信息。

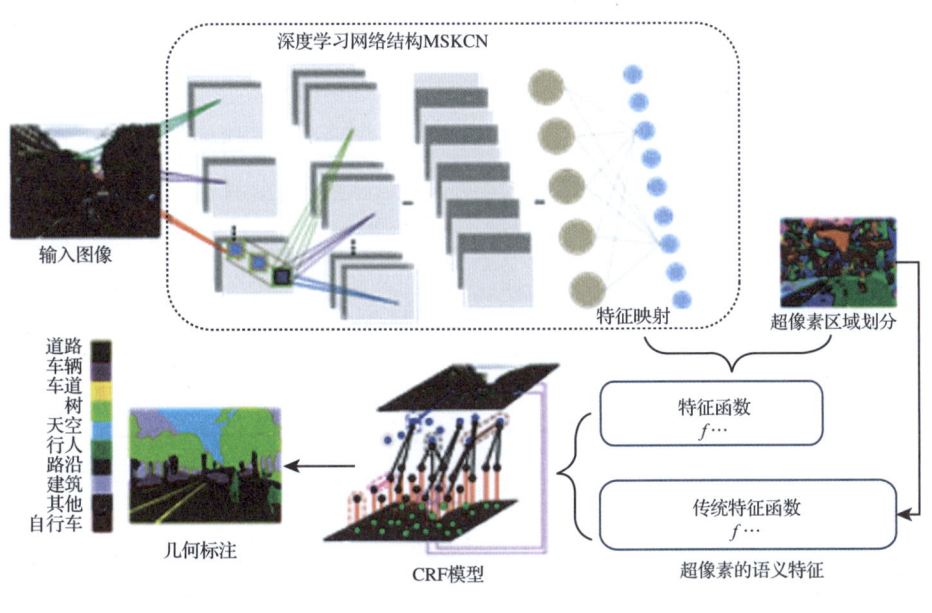

图 2-13 图像语义分割

3. 立体视觉与场景流

立体视觉一般有以下三类实现方式：

1）利用双目视觉传感器建立三维描述，直接获取距离信息的方法。这是一种主动模式立体视觉方法，深度图由双目摄像头获取。根据已知深度图，通过数值逼近重建地表信息，并根据模型建立场景中的物体描述，实现基于图像的环境理解功能。

2）利用一幅图像提供的信息来推断三维形状的方法。根据场景中的灰度变化结合光学成像的透视原理和统计假设，导出物体的轮廓和表面，从而推断出物体的形状。

3）利用两个或多个图像在不同视点或不同时间提供的信息，重建三维结构的方法。

4. 视觉里程计算法

视觉里程计利用车载摄像头采集到的图像信息恢复车体本身的六自由度运动，包括三自由度的旋转和三自由度的平移。由于类似于里程计的航迹推算，这种基于图像信息的自运动估计方法被称为视觉里程计算法。

视觉里程计算法的一个非常重要的特点是它只关心局部运动，多数时候是指两个时刻之间的运动。当我们以一定的时间间隔采样时，就可以估计运动物体在每个时刻的运动。因为这种估计值会受噪声的影响，前一时刻的估计误差，会累加到后面时刻的运动上，产生误差累计。

5. 目标跟踪

目标跟踪是指系统跟踪特定场景中感兴趣的一个或多个特定对象的过程。目标跟踪在无人驾驶领域很重要，一方面可以提高后续检测的准确性，另一方面能够对目标的运动状态进行跟踪。

根据观测模型，目标跟踪算法可分为两类：生成算法和判别算法。生成算法利用生成模型来描述目标表面特征，并使重构误差最小化来搜索目标；判别算法又称检测跟踪算法，通过区分待识别目标和道路、天空等背景，将待识别目标提取并进行跟踪。

2.3 视觉传感器在智能网联汽车中的实际应用

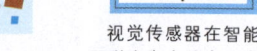

视觉传感器在智能网联汽车中的实际应用

随着电子技术、信息技术与人工智能技术的发展，小型化和嵌入式的视觉传感器得到了广泛应用，人们可以从车载摄像头中获得更智能的结果，即通过摄像头的视场，感知驾驶环境。前面提到智能驾驶汽车使用的摄像头主要有单目摄像头、双目摄像头和红外摄像头，以及各种摄像头的组合形式。在已经大规模市场化的车辆中，图2-14所示的于2016

年 10 月推出的特斯拉智能驾驶汽车拥有 3 个前视摄像头，1 个后视摄像头，2 个侧视摄像头、2 个 B 柱摄像头、12 个超声波传感器和 1 个安装在车身上的前毫米波雷达。

图 2-14　特斯拉 Autopilot 2.0 车辆的前视三目摄像头测试场景

智能驾驶汽车的视觉传感器可实现车道偏离警告、前方碰撞预警、行人碰撞预警、交通标志识别、盲点监控、驾驶人注意力监控、全景环视、泊车辅助和车道保持辅助等功能。

（1）车道偏离警告系统　车道偏离警告系统是一种旨在及时警告驾驶人避免因车道偏离而引起交通事故的系统，主要通过摄像头作为环境感知传感器。

当车道偏离系统打开时，摄像头将持续检测环境，在各种气候、光照条件下，通过图像处理技术识别车道线（图 2-15），感知道路几何形状并获得当前车道中的车辆位置参数，结合车辆状态传感器获得车速、转向灯状态、转向盘转角等车辆动态参数，通过车道偏离评估算法评估车道偏离的可能性（根据转向盘的方向、车辆的速度、车辆与车道的角度来估算偏离时间），必要时通过声音、仪表显示、转向盘/座椅振动等人机交互方式提醒驾驶人。如果驾驶人打开转向灯并正常改变车道，车道偏离警告系统将不会给出任何提示。当车辆异常偏离车道时，传感器将及时收集车辆数据和驾驶人的操作状态，然后由控制器发出警报信号，为驾驶人提供更多的反应时间。

图 2-15　各种环境下的车道线检测结果

(2) 车道保持辅助系统　车道保持辅助系统基于车道偏离警告系统，在驾驶人未能及时响应预警，或者驾驶人将转向任务完全交给自动驾驶系统控制时，控制转向等底盘执行机构，使车辆保持在车道内安全行驶。

(3) 汽车防碰撞系统　汽车防碰撞系统主要用于协助驾驶人避免追尾、与行人/非机动车等交通参与者碰撞、与道路上其他障碍物碰撞等交通事故。汽车防碰撞系统基于摄像头/雷达或多种传感器组合方式，检测前方障碍物并评估碰撞风险，根据风险等级进行各级预警，直至主动制动等方式提醒驾驶人或者主动控制车辆，避免碰撞事故发生。

如图2-16所示，防碰撞系统使用雷达和摄像头探测汽车前方的行人。如果汽车接近行人，仪表上会亮起红色警告灯，同时鸣响警报声提醒驾驶人。

如果碰撞危险进一步增加，辅助紧急制动系统开始起作用，通过减小制动衬块和制动盘之间的距离以缩短制动时间，同时还会增加制动液压，即使驾驶人没有用力踩制动踏板也能进行最有效的制动。如果车辆仍未制动，而系统认为即将发生碰撞，汽车会进行自动制动，最大限度地降低车速，进而避免事故或减少事故带来的伤害。

(4) 交通标志识别系统　如图2-17所示，车辆安全系统的交通标志识别系统利用前置摄像头组合模式通过特征识别算法，识别道路上的交通标志，发出预警信号或自动调整车辆运行状态，从而提高车辆的安全性和合规性，此功能可以辅助驾驶人及时发现交通标志。

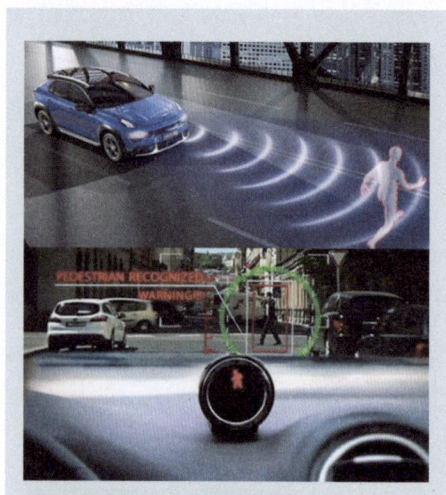

图2-16　防碰撞系统的预警过程示意图

图2-17　交通标志识别

交通标志可分为警告标志、禁止标志、指示标志等，如图2-18和图2-19所示。根据交通标志颜色和形状的预先设计，可以提前对不同的交通标志进行分类，并将颜色形状分类的结果作为交通标志检测和识别的先验知识。可采用的视觉分类识别方法主要包括基于不同距离的模板匹配识别方法、大量数据样本的机器学习识别方法、粒子群优化和遗传算法等智能算法的识别方法等。

图 2-18 交通标志示例 1

图 2-19 交通标志示例 2

交通标志识别系统包括检测和识别两部分,由于各国、各地区的交通标志设计标准和规范有很大区别,还需要根据不同区域的交通标志对识别算法进行调整。交通标志通常处于复杂的环境条件下,识别过程易受环境照明和转向的影响。

交通标志识别功能可以帮助驾驶人及时发现并识别各类交通标志,避免了因没有及时发现交通指示而违反交通规则等情况,提高了车辆行驶安全性,是智能交通系统和先进辅助驾驶系统的重要组成部分。

(5)换道辅助系统 换道辅助系统的主要功能是消除后视镜盲区,通过侧方摄像头、后视摄像头或雷达检测盲区内影响车辆换道的交通参与者,并利用仪表、后视镜指示灯等方式提示驾驶人,避免因为驾驶人视觉盲区导致的换道/转向过程中发生事故的风险。

由于车辆后视镜中有一个视觉盲区,因此在换道或转向过程中,驾驶人可能无法及时估计或者看到盲区中的车辆,如果盲区内有车辆,则会发生车道碰撞;另外,在大雨、雾天、夜间光线暗淡的情况下,很难看到后面的车辆,增加了因换道或者转向发生交通事故的风险。

换道辅助系统可以解决后视镜盲点问题,如图2-20所示,通过摄像头或者雷达探测车辆两侧后视镜盲点区域,辅助驾驶人变换车道,减少事故的发生。

换道辅助系统开启后,在车辆行驶过程中,驾驶人操作转向灯准备换道,此时传感器检测车辆两侧及后方区域,如适合换道,在仪表上提示换道信息,辅助驾驶人换道;如不适合换道,仪表将出现提示,并语音提醒,提示驾驶人换道有事故风险,不能换道。未来随着智能驾驶技术的提升,换道辅助系统会在危险即将发生时主动控制车辆,进一步防止因为驾驶人误操作导致的事

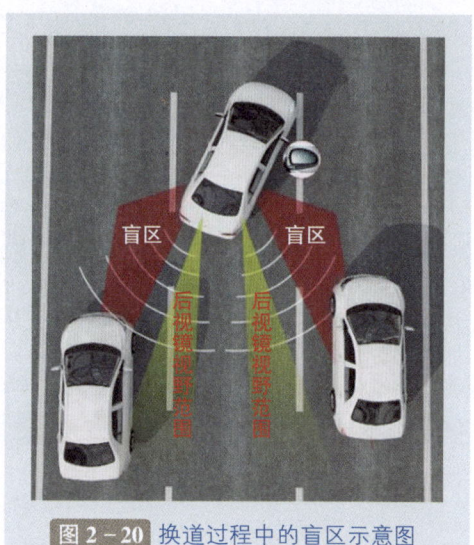

图2-20 换道过程中的盲区示意图

故。在换道辅助系统的辅助下,可有效防止恶劣天气、驾驶人疏忽、后视镜盲点、新手上路等驾驶过程中的潜在危险发生。

(6)驾驶人监控系统 驾驶人监控系统包括疲劳监控、驾驶行为监控、注意力监控等。它不断检测驾驶人的驾驶状态,使驾驶人保持安全驾驶所需的注意力,以及在自动驾驶和人工驾驶切换过程中,保证驾驶人有足够时间接管车辆。

驾驶人监控可以分为两种类型:一种是间接式监控,即通过驾驶人对车辆的操纵,判断驾驶人是否处于正常驾驶状态;另一种是直接式监控,即通过摄像头对驾驶人的视线、面部状态等进行检测,判断驾驶人状态是否满足安全驾驶需求。

(7) 泊车辅助系统 如图 2-21 所示，泊车辅助系统是用于泊车或倒车的安全辅助装置。

图 2-21 自动泊车辅助系统

自动泊车辅助系统实现过程包括车位检测、泊车路径规划、自动泊车控制等。其中车位检测可以通过超声波传感器或者视觉检测车位线/泊车空间实现，而泊车路径规划则由自动泊车辅助系统完成。自动泊车控制过程中，自动泊车辅助系统根据车辆与车位的相对位置，对驱动、制动、转向甚至换档和驻车制动系统进行控制。

在自动泊车辅助系统应用的初级阶段，系统的功能并不完善，衍生出不同类型的泊车辅助系统，统称为"自动泊车系统"。这些自动泊车系统，有些只能实现垂直车位/侧向车位的检测与路径规划；有些则需要驾驶人的辅助，比如自动泊车过程中，需要驾驶人辅助换档或控制车速等。由于技术的限制，有些自动泊车辅助系统虽然允许驾驶人在车外，但是需要随时监控车辆周围环境，通过一直按住手机 APP 上的按钮等方式实现自动泊车，一旦松手，系统就会终止并停车。

随着智能驾驶技术的不断发展，自动泊车辅助系统的智能化水平不断提升：驾驶人可以在离停车场更远的地方离开车辆，由车辆自主完成泊车，且车辆能够响应人的召唤从停车场驶出；自主泊车可以适应的泊车位（甚至无明确泊车标志的泊车空间）的种类会越来越复杂，这样自动泊车辅助系统就能够提供更舒适的驾乘体验。

(8) 红外夜视系统 红外夜视系统采用红外夜视技术实现对夜间行车过程中环境的感知。夜间行车对驾驶人来说是很危险的，因为夜间的能见度很差，而且灯光的范围和亮度有限。在红外夜视系统的辅助下，驾驶人可以不受光照影响了解道路的行驶条件，尤其在检测行人等有明显红外辐射的物体时，红外夜视系统具有明显的优势，如图 2-22 所示。

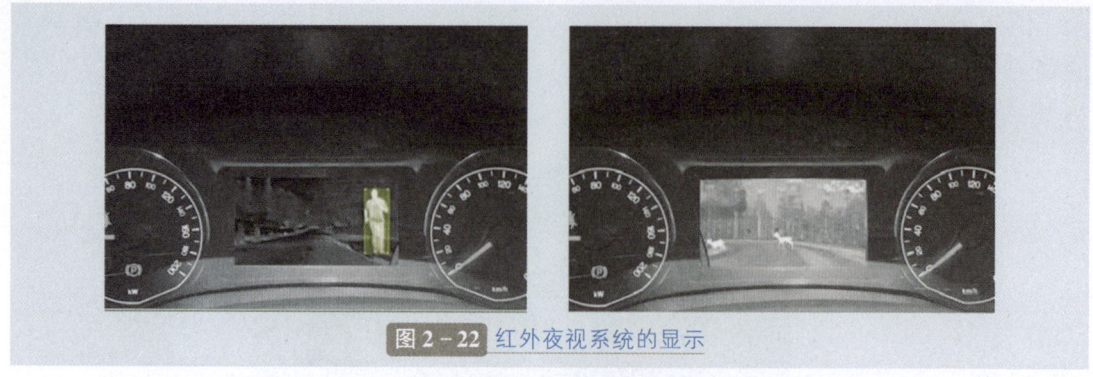

图 2-22 红外夜视系统的显示

（9）全景环视系统　如图 2-23 所示，全景环视系统包括多个安装在汽车周围的摄像头、图像采集组件、视频合成/处理组件、数字图像处理组件和车辆显示器。

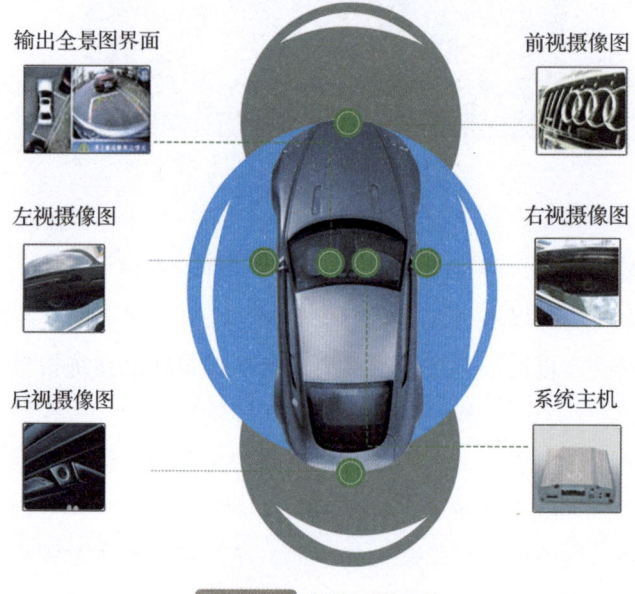

图 2-23 全景环视系统

这些装置可以同时采集车辆周围的图像，对图像处理单元进行变形恢复→视图转换→图像拼接→图像增强，最终形成车辆 360°全景视图。

通过更复杂的空间图像拼接算法，可以消除传统俯视图拼接带来的近距离畸变，提供一种立体环视的效果，能够更好地辅助驾驶人理解车辆周围环境。

（10）电子后视镜　如图 2-24 所示，电子后视镜通过摄像头成像，并将后视图像投影到车内的显示屏上，取代传统的镜片式后视镜。这种技术能够有效地降低风阻，提供更加全面灵活的视野，减小后视盲区。

电子后视镜对摄像头的要求更高，在高像素、无畸变、宽动态、低照度、高可靠性方面都有着极高的要求。另外，由于技术问题，目前电子后视镜在大部分国家还不能在汽车市场上使用。

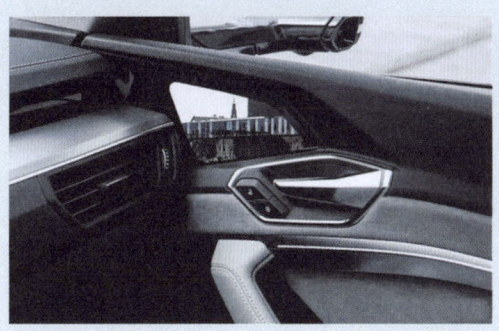

图 2-24 电子后视镜在智能网联汽车中的应用

但是,由于电子后视镜的诸多优点,一些国家已经开始为电子后视镜的应用发布了相关法规。日本为鼓励汽车产业发展,在 2016 年通过了一项新法规,允许无后视镜汽车上路。特斯拉、通用、大众等车企向美国国家公路交通安全管理局(NHTSA)申请用摄像头代替后视镜,奥迪也在与各国相关专家接洽,争取使电子后视镜早日合法化,并能够普及开来。

(11)智能照明系统 一方面,照明系统是保证车辆能够在环境光线不足情况下,补充灯光满足环境感知需求的重要系统;另一方面,照明系统也可以通过灯光变化与环境中其他交通参与者交互,是汽车安全性的重要保证。

为了适应汽车自动驾驶和数字化的趋势,具备智能视觉传感器的灯光系统正逐步用于汽车照明系统,如图 2-25 所示。智能照明系统可以调整灯光满足驾驶人与前视摄像头的照明需求,同时摄像头可以感知环境,进一步控制前照灯的光形、光强等变化。未来智能照明系统不仅能够主动辅助驾驶人更好地看见环境,还能通过智能化技术辅助驾驶人或者自动驾驶系统更好地理解环境。

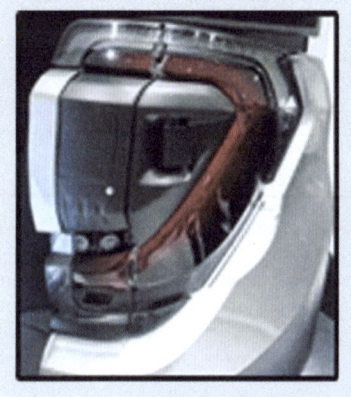

图 2-25 安装了外部环境感知传感器的车灯

智能网联汽车技术概论

思 考 题

本章的学习目标，你已经达成了吗？请通过思考以下问题的答案进行结果检验。

序 号	问 题	自检结果
1	简述视觉传感器在智能网联汽车中的作用。	
2	简述单目视觉传感器的工作原理及特点。	
3	简述双目视觉传感器的工作原理及特点。	
4	简述红外夜视视觉传感器的工作原理及特点。	
5	智能网联汽车中图像识别算法的典型应用都有哪些？	
6	视觉传感器在智能网联汽车上主要实现的功能都是什么？	

第 3 章　雷达在智能网联汽车中的应用

学习目标

1. 知道汽车雷达的分类及特征区别
2. 了解超声波雷达的结构、原理和性能指标
3. 熟悉超声波雷达在智能网联汽车中的应用
4. 了解毫米波雷达的结构、原理及特点
5. 熟悉毫米波雷达在智能网联汽车中的应用
6. 了解激光雷达的结构、原理及特点
7. 熟悉激光雷达在智能网联汽车中的应用

汽车雷达可分为毫米波雷达、激光雷达等，不同雷达波的特征频率、波形和扫描特点不同。

雷达的原理不同，也各自具备典型的优缺点，在智能网联汽车领域，需要根据各雷达的特点进行选型和配置，以满足不同阶段和场景的市场化需求，实现智能网联汽车的功能。

本章将分别介绍智能网联汽车中广泛使用的几类雷达的结构、工作原理、性能特点，以及目前在智能网联汽车领域的应用情况。

3.1 超声波雷达

扫一扫

超声波雷达的原理与应用

3.1.1 超声波雷达的结构与原理

超声波传感器在汽车领域的应用被称为超声波雷达。超声波雷达是利用超声波的特性研制而成的雷达。超声波雷达广泛应用在工业、国防、生物医药等方面。汽车主要使用超声波雷达的测距功能。它的测距原理是利用超声波发生器产生超声波，然后接收探头接收障碍物反射的超声波，并根据超声波反射接收的时差计算出与障碍物的距离。车用超声波

雷达因为检测距离较近，功率较小，通常将超声波雷达发生器和接收器合成为一个探头。汽车超声波雷达常用探头的工作频率有 40kHz、48kHz 和 58kHz 三种。一般来说，频率越高灵敏度越高，但水平与垂直方向的探测角度就越小，目前应用比较广泛的是 40kHz 的超声波探头。

超声波传感器的核心部件是压电超声发生器，它利用压电晶体的共振来工作。在实际应用中，超声波传感器（或超声波探头）内部有两个压电晶片和一个共振板（图 3-1），当对压电晶片两极施加电压脉冲，且脉冲信号的频率与压电晶片的振荡频率相等时，压电晶片将产生共振并驱动共振板振动，压电超声发生器产生超声波；如果两个电极之间没有施加电压，当共振板接收到超声波时，压电晶片振动，机械能被转换成电信号，此时压电超声发生器就成为超声波接收器。

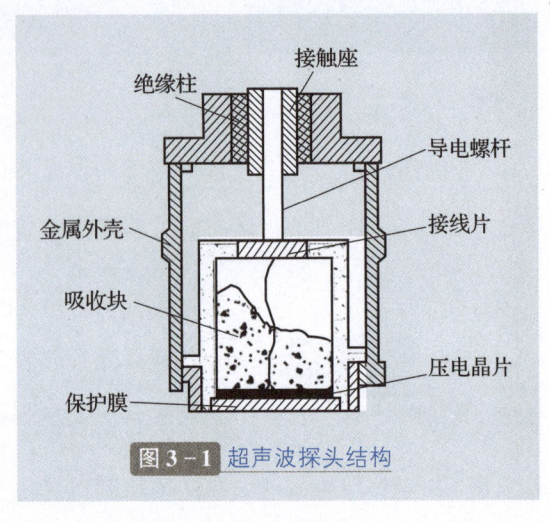

图 3-1 超声波探头结构

超声波雷达是如何完成障碍物距离检测的呢？压电超声发生器向某一方向发射超声波，在发射的同时，其内部计时器开始计时，超声波在空中传播时，会被障碍物表面反射回来，系统在接收到反射回的超声波后立即停止计时，得到超声波发射和接收之间的时间差 t。超声波属于声波，其传播速度和声音的传播速度一样（传播速度取决于传播的介质和温度），通常使用在 15℃ 时空气中声音的传播速度（340m/s）作为超声波距离计算中的速度值。发射点与障碍物表面之间的距离 s 可以根据计时器记录的时间 t 进行计算，公式为 $s=(t\times 340)/2$。

超声波雷达的主要性能指标包括：

（1）工作频率　工作频率是指压电晶片的共振频率，当两端交流电压频率等于晶片的共振频率时，雷达波的传输能量输出最大，灵敏度也最高。

（2）工作温度　超声波雷达的工作温度取决于应用的条件，诊断型超声波雷达功率小，工作温度相对较低，能长期工作而不发生故障。有些应用会产生大量的热量，需要对超声波传感器进行主动冷却。

（3）灵敏度　超声波雷达工作过程中需要反复将机械能转变为电能，或将电能转变为机械能，其中能量相互变换的程度用机电耦合系数表示，机电耦合系数大，灵敏度高。灵敏度与晶片的制造有关。

在实际应用中，超声波雷达还需考虑多普勒效应、温度影响、噪声干扰、线性驱动干扰、机械特性等问题。一般来说，在超声波雷达的有效探测范围内，误差在±5cm。

超声波雷达是汽车最常用的一种传感器，探测范围如图3-2所示。由于探测范围有限，可以通过多个超声波雷达的排列，检测车辆近距离的障碍物情况，消除驾驶人停车、泊车、倒车和起动车辆时车周围视觉盲区，帮助驾驶人消除盲点和视线模糊缺陷，从而提高行车安全性。超声波雷达可以有效检测车辆周围近距离的障碍物，在目前的各级别自动驾驶汽车中，超声波雷达都是不可或缺的传感器，广泛应用于倒车检测、自动停车、盲区检测等系统中。

车载超声波雷达主要分为UPA和APA两大类。UPA是一种短程超声波传感器，检测范围为25cm~2.5m，由于检测距离较近，多普勒效应和温度干扰小，检测更准确，主要用于检测汽车前后障碍物。APA是一种远程超声波传感器，检测范围为35cm~5m，可覆盖一个停车位，其方向性强，探头波的传播性能优于UPA，不易受到其他APA和UPA的干扰，主要用于检测汽车侧方的障碍物。

图3-3描述了两种超声波雷达在汽车中的典型布置情况，该车前后配备了共8个UPA，左右侧配备了4个APA。

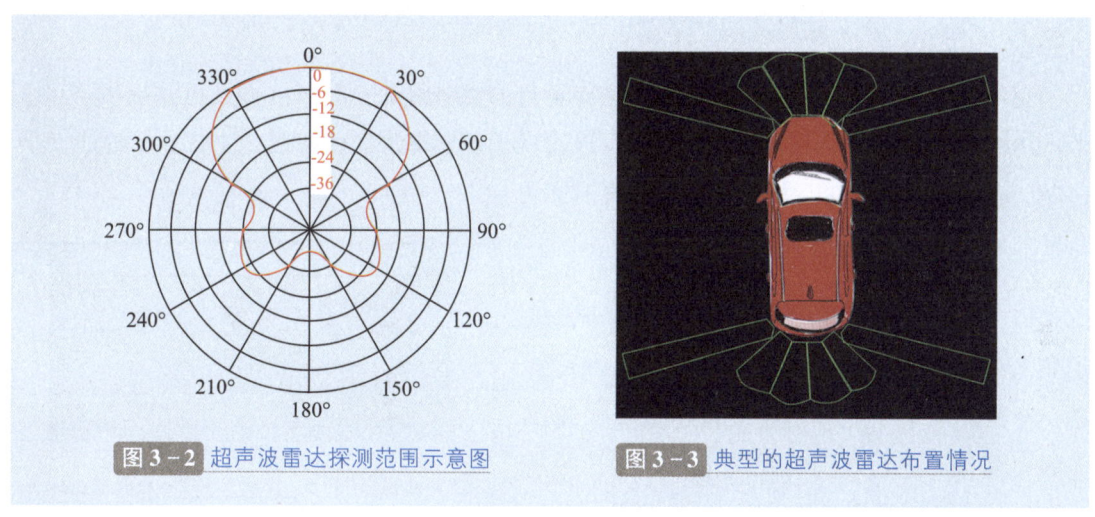

图3-2 超声波雷达探测范围示意图　　图3-3 典型的超声波雷达布置情况

在超声波雷达阵列中，每一个超声波雷达都可以通过ID来区分，由于通信数据量较少且通信周期较长，超声波雷达的检测信号在车载网络中通常由LIN总线传输。

3.1.2　超声波雷达在智能网联汽车中的应用

1. 倒车辅助系统

超声波雷达早期多用于倒车辅助系统，由于汽车后方为各类后视镜的盲区，且即使驾驶人向后观望,也很难观察到车辆后方底部的情况,因此在倒车辅助系统中,超声波雷达得到了广泛应用。

如前所述,视觉传感器在汽车中得到了普及应用,但其算法复杂、成本高。而超声波雷达安装简单、成本低廉,适用于短距离目标探测。超声波雷达与视觉传感器可以通过融合的方式用于倒车辅助系统,为系统提供有效的目标检测和视觉辅助,如图3-4所示。

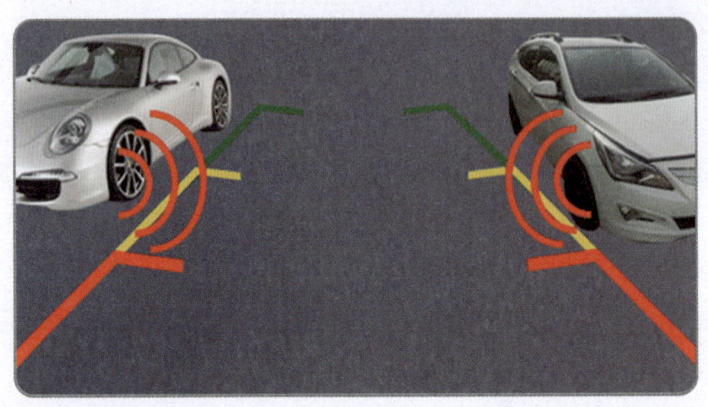

图3-4 超声波雷达与视觉设备融合的辅助驾驶系统

超声波雷达与视觉设备的融合可以使得各自的优势得到互补。一方面可以提供摄像头范围内的物体识别与提示,另一方面也可以为视觉识别算法在整幅图像中提供预选的计算区域,有助于对算法进行优化,降低计算时间。

2. 自动泊车系统

以2014年的大众汽车第三代超声波半自动泊车系统为例,它通常使用6~12个超声波雷达,车后部的4个短距超声波雷达负责探测倒车时车辆与障碍物之间的距离,侧方的长距超声波雷达负责探测停车位空间。

以侧向车位为例,在泊车过程中,通过超声波雷达传感器返回探测距离与时间的关系大致如图3-5所示。t_2时刻为车位探测的开始时间,t_1为车位探测的停止时间。

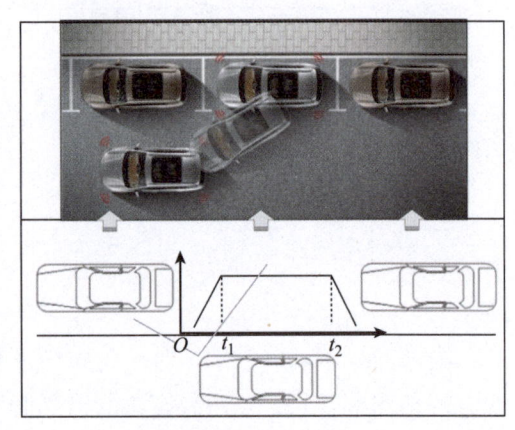

图3-5 自动泊车

将t_1时刻到t_2时刻的车速做积分即可得到车位的近似长度,如果近似认为汽车为匀速行驶,直接用车速乘以$(t_2 - t_1)$即可。

当检测的长度超过车辆泊入所需的最短长度时,则认为当前空间有车位,汽车就会持续使用超声波传感器检测车辆与车位间的相对位置关系,同时检测行驶路径上的障碍物,自动操作转向盘和制动器,实现自动泊车。

3.2 毫米波雷达

毫米波雷达的工作原理及其在智能网联汽车上的应用

3.2.1 毫米波雷达的结构与原理

毫米波雷达是通过发射和接收毫米波段的电磁波来测量车辆与车辆之间的距离、角度和相对速度的装置。毫米波雷达检测具有全天候工作的能力,在智能网联汽车领域主要用于目标识别和跟踪。毫米波位于微波和远红外波重叠的波长范围内,根据波传播理论,频率越高,波长越短,分辨率越高,穿透能力越强,但传播过程中损耗越大,传输距离越短。因此,与微波相比,毫米波具有分辨率高、方向性好、抗干扰能力强、检测性能好等特点。与红外线相比,毫米波具有大气衰减小、对烟雾的穿透性好、受天气影响小等特点。

目前,汽车领域使用的毫米波雷达主要有 24 GHz 和 77～79GHz 两个波段。被称为毫米波也是由于此类电磁波的波长为 1～10mm。毫米波的频带频率高于射频辐射,低于可见光和红外线。24GHz 毫米波雷达主要用于中、短程检测,实现盲点监测(BSD)、换道辅助(LCA)、自动泊车辅助(PA)等功能;77GHz 毫米波雷达主要用于中、远程检测,实现诸如自适应巡航(ACC)、前碰撞预警(FCW)、自动紧急制动(AEB)等功能。

毫米波雷达系统结构如图3-6所示,主要包括天线、收发芯片、信号处理芯片等。

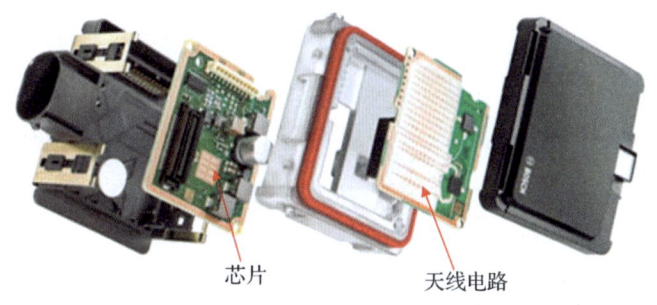

图3-6 毫米波雷达结构示意图

天线是汽车毫米波雷达有效运行的关键设计之一,天线以高频印制电路板的方式设计、集成在基板上。由于需要在一个小的集成空间内保持足够的天线信号强度,毫米波雷达对高频印制电路板的技术要求很高。

雷达的收发芯片通常使用一种特殊的半导体，如硅锗（SiGe）双极晶体管、CMOS 等。基于硅锗双极晶体管的 77GHz 毫米波雷达系统可以满足汽车的应用需求，是早期应用比较广泛的毫米波雷达方案，但它占用了大量集成电路板的空间，而且成本较高。随着半导体技术的进步，CMOS 在数字电路中的应用越来越广泛，成本相对较低，逐渐应用于毫米波电路。与传统的硅锗双极晶体管相比，CMOS 可以在低电压下工作，降低了功耗。虽然 CMOS 在低频区存在较大的噪声，但在 77~79GHz 车载毫米波雷达的应用中，这类问题并不突出。

CMOS 技术已成为实现毫米波雷达关键部件的重要技术基础，大大降低了整个雷达系统的成本，目前在毫米波雷达领域得到了更为广泛的应用。它使得毫米波雷达的成本降低，也使得毫米波雷达在智能网联汽车领域得到了大规模应用。

车载毫米波雷达领域，应用比较广泛的是调频连续波（FMCW）雷达。调频连续波雷达既可以测距又可以测速，且在近距离测量方面有很大优势。FMCW 雷达在扫频周期内通过调频发射频率变化的连续波（常见的调频方式有三角波、锯齿波、编码调制或者噪声调频等），遇到障碍物体后，发射的电磁波被反射，产生与发射信号有一定频率差的回波，发射的连续波与回波信号的区别中，包含了物体的方位、速度等信息。

雷达主要测量目标的三个参数：距离、速度和方位角。其测量原理如图 3-7 所示，具体原理如下。

（1）距离　测量频率差可以获得目标与雷达之间的距离信息，差频信号频率较低，一般为 kHz，因此硬件结构相对简单、易于数据采集并进行数字信号处理。

（2）速度　在三角的上升沿和下降沿分别可得到差频 Δf_1 与 Δf_2，根据所得可以求得雷达与目标的相对速度 v。

（3）方位角　雷达具有多个接收天线，目标反射到不同接收天线的信号幅度和相位都有差异，结合接收天线的位置关系，通过分析处理多个接收天线捕获的信号，就可以得到目标的方位角。

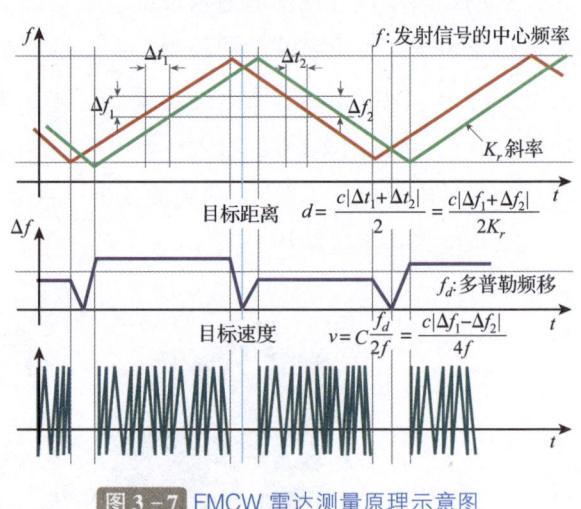

图 3-7　FMCW 雷达测量原理示意图

毫米波雷达由发射天线发出电磁波，接收天线接收到雷达回波并解调后，雷达处理芯片对模拟信号进行数字采样，进行相应的滤波（图 3-8），使用快速傅里叶变换算法（FFT）将信号转换到频域，然后再寻找信号中的特定特征，如信号强度、频率变化等，获取目标的位置以及速度等测量信息，并对目标进行编号和跟踪。

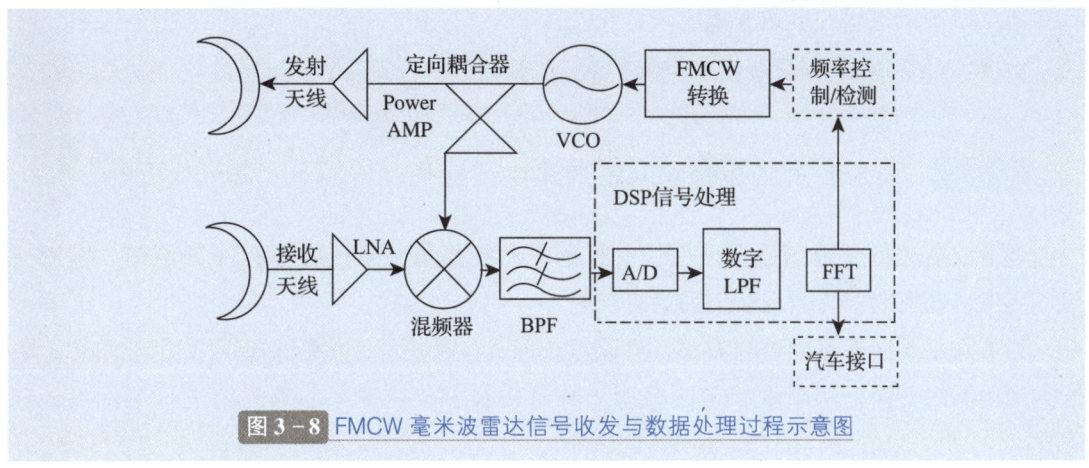

图3-8 FMCW毫米波雷达信号收发与数据处理过程示意图

毫米波雷达检测具有全天候工作的能力。根据毫米波雷达的有效探测范围，车载毫米波雷达可分为长距离雷达（LRR）、中距离雷达（MRR）和短距离雷达（SRR）。实际应用中，LRR和MRR通常布置在车辆前方，用于检测前方较远范围内的目标；SRR通常布置在车辆四角位置，用于检测侧前方、侧后方等范围内的目标，如图3-9所示。

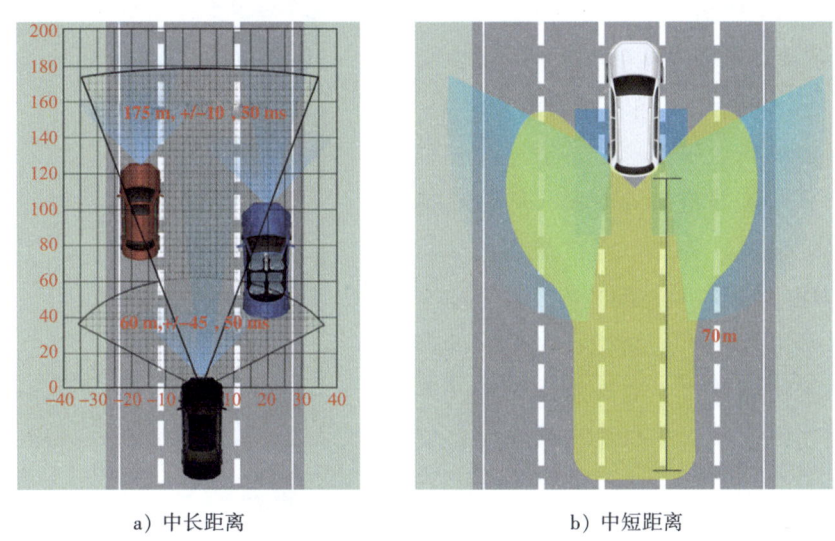

a）中长距离　　　　　　b）中短距离

图3-9 各种毫米波雷达探测范围示意图

目前，在智能网联汽车领域中应用的毫米波雷达，中短距离以24GHz频段为主，长距离以77GHz频段为主，79GHz因在行人检测方面效果良好，在日本等国家也得到了应用。这些频段在大气中衰减较少，尤其是77GHz被认为是未来的主流，其主要优势包括：

1）探测距离更远。77GHz毫米波带宽大，天线尺寸小，功率集中，探测距离远。

2）独特的频段。为了减少对电信信号与射电天文信号（处于24GHz频段）的干扰，欧盟限制了仅用于短程雷达的24GHz车载毫米波雷达的传输功率，而77GHz频段则是相对专属汽车领域应用的电磁波频段。

3)尺寸更小,更容易实现小型化。

3.2.2 毫米波雷达在智能网联汽车中的应用

毫米波雷达可实现自适应巡航控制、前向防撞报警、盲点检测、辅助停车、辅助变道、自主巡航控制等高级驾驶辅助系统功能。

为了满足不同探测距离的需要,可以组合配置各种短程、中程和远程毫米波雷达。根据实现功能的不同,从毫米波雷达类型、数量以及安装位置上,都需要进行最优设计和配置。

下面通过几类典型的智能网联汽车应用,介绍毫米波雷达的特点、配置方式和实现的主要功能。

(1)自适应巡航(ACC)系统 自适应巡航是一种驾驶辅助功能,它可以按照设定的车速或距离跟随前面的车辆,或者根据前车的车速主动控制自车的行驶速度,使车辆与前面的车辆保持安全舒适的距离。ACC可以有效地解放驾驶人的脚,提高驾驶安全性和舒适性。

如图3-10所示,在车辆行驶过程中,安装在车辆前部的毫米波雷达传感器连续扫描车辆前方环境,车辆的轮速传感器或其他车速传感器采集车速信号。例如:当检测到前车,且根据自车车速、两车相对速度等判断与前车距离过小时,ACC系统可与防抱死制动系统和发动机控制系统协调动作,适当制动车轮,降低发动机输出功率,使前车与自车始终保持安全距离。

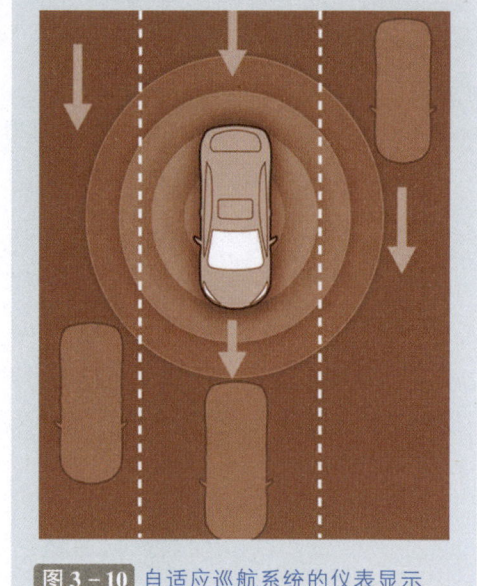

图3-10 自适应巡航系统的仪表显示

(2)自动紧急制动(AEB)系统 如图3-11所示,自动紧急制动是汽车的主动安全辅助装置,该系统使用毫米波雷达测量前车或障碍物的距离,然后将测量的距离与报警距离和安全距离进行比较。当小于报警距离时,系统会报警提示。当小于安全距离时,即使驾驶人没有来得及踩下制动踏板,AEB系统也会开始自动制动车辆,从而确保安全驾驶。AEB往往也被认为包含了前方防撞预警功能。

相关统计表明,绝大多数交通事故是由于驾驶人注意力不集中造成的,AEB可以有效减少因注意力不集中导致的追尾事故以及追尾造成的损失。

(3)换道辅助系统 如图3-12所示,换道辅助系统通过毫米波雷达、摄像头等传感器检测车辆相邻侧的车道侧后方,获取车辆侧面和后方物体的运动信息。根据当前车辆的状态,结合环境感知情况,通过声音、灯光等方式提醒驾驶人,让驾驶人掌握换道的最佳时机,避免换道引起的交通事故。

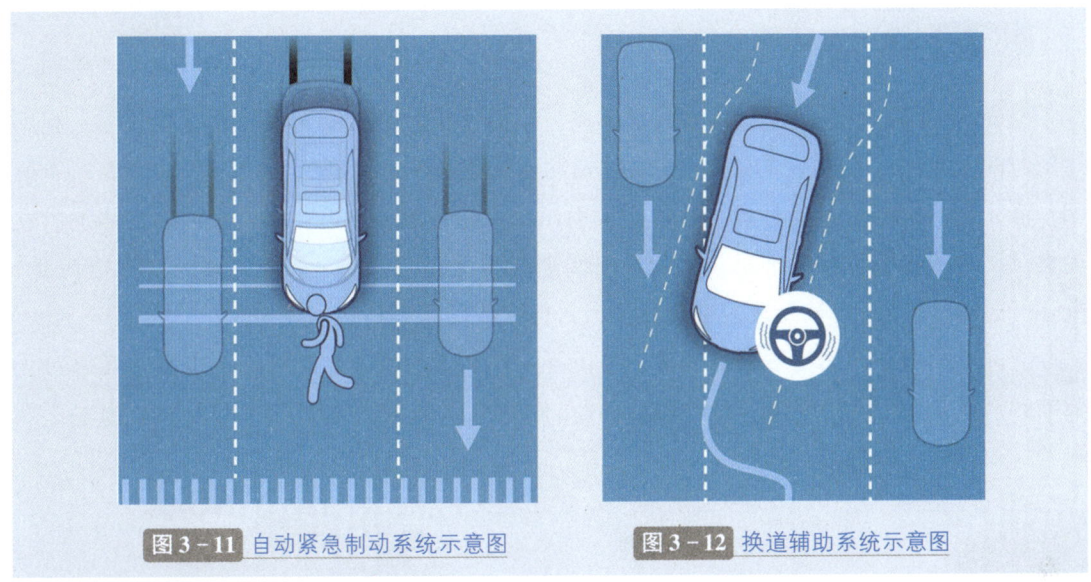

图 3-11 自动紧急制动系统示意图　　图 3-12 换道辅助系统示意图

换道辅助系统包括三个功能:盲点监测(BSD)、换道辅助(LCA)和后碰撞预警(RCW),这三个功能的协作有效地防止了追尾等交通事故的发生,大大提高了车辆换道过程中的安全性能。

其中,BSD 根据其对运动物体相对位置和车辆相对速度的判断,在车辆盲区时,及时提醒驾驶人注意车道变换的风险。如图 3-13 所示,LCA 检测到目标车辆在相邻区域以相对较大的速度接近车辆,当两车之间的距离小于一定范围时,通过声音、灯光等方式提醒驾驶人。RCW 检测同一车道后面相互靠近的移动物体,当有碰撞危险时,它会迅速通过声音、灯光等发出提醒,以减少碰撞发生的概率。

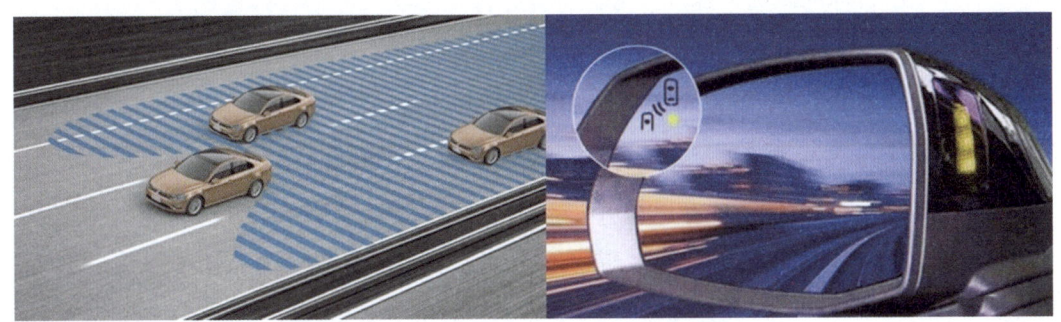

图 3-13 换道辅助系统的环境感知与交互方式

3.3 激光雷达

3.3.1 激光雷达的结构与原理

激光雷达的工作原理及其在智能网联汽车中的应用

激光雷达通过发射激光光束来扫描环境，并接收反射回来的光束获取检测数据，利用飞行时间测量法（Time of Flight）获取激光发射器到物体的距离，具体过程如图 3-14 所示：激光雷达中的激光发射器在时间 t_1 发射出一束超短激光脉冲；激光投射到物体上后发生漫反射，激光接收器在时间 t_2 接收反射回来的激光脉冲；通过激光光束（以光速传播）的飞行时间（$t_2 - t_1$）和光速，准确计算出目标物体到激光雷达的距离。

实际应用中，激光雷达通过机械、电子等处理方式控制激光光束，实现多条光束对环境的扫描（图 3-15），产生的检测数据经过处理可以获得环境中物体的点云，用于实现对环境精确的三维测量。

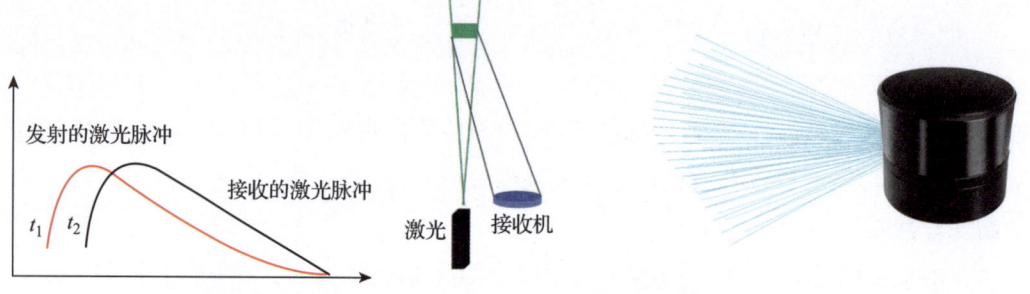

图 3-14 激光测量原理　　　　图 3-15 多条激光光束扫描实现环境的三维测量

激光雷达的探测过程如图 3-16 所示，通过激光雷达获取的环境点云，可以准确地获取高精度的空间环境信息，测距精度可达厘米级，进一步对空间环境点云数据进行处理，可以获取环境中目标的距离、速度、方位、姿态甚至形状尺寸等参数（图 3-17）。

因此，激光雷达成为自动驾驶、无人驾驶、定位导航、空间测绘、安保安防等领域关键的传感器设备。激光雷达具有如下特性：

① 高分辨率。激光雷达可以实现极高的角度、范围和速度分辨率。

② 隐蔽性好，抗干扰能力强。激光是线性传输的，具有良好的方向性和窄光束。

③ 低空探测性能好。与微波雷达相比，不会受到地面回波的影响，基本可以实现零高度工作。

④ 体积小、重量轻。

⑤ 工作时受气候、天气影响大。在大雨、浓烟、浓雾等工况下，激光衰减急剧加大，

传播距离大受影响。

根据不同分类方式,激光雷达有多种类型:按照激光发射波形可分为连续型、脉冲型;按照探测方式可分为直接探测、相干探测;按照光束控制方式可以分为机械式、混合固态式和固态式;按照工作介质可分为半导体激光雷达、固体激光雷达、气体激光雷达;按照线数可分为单线激光雷达、多线激光雷达;按照载荷平台的不同可分为车载激光雷达、机载激光雷达、星载激光雷达等。

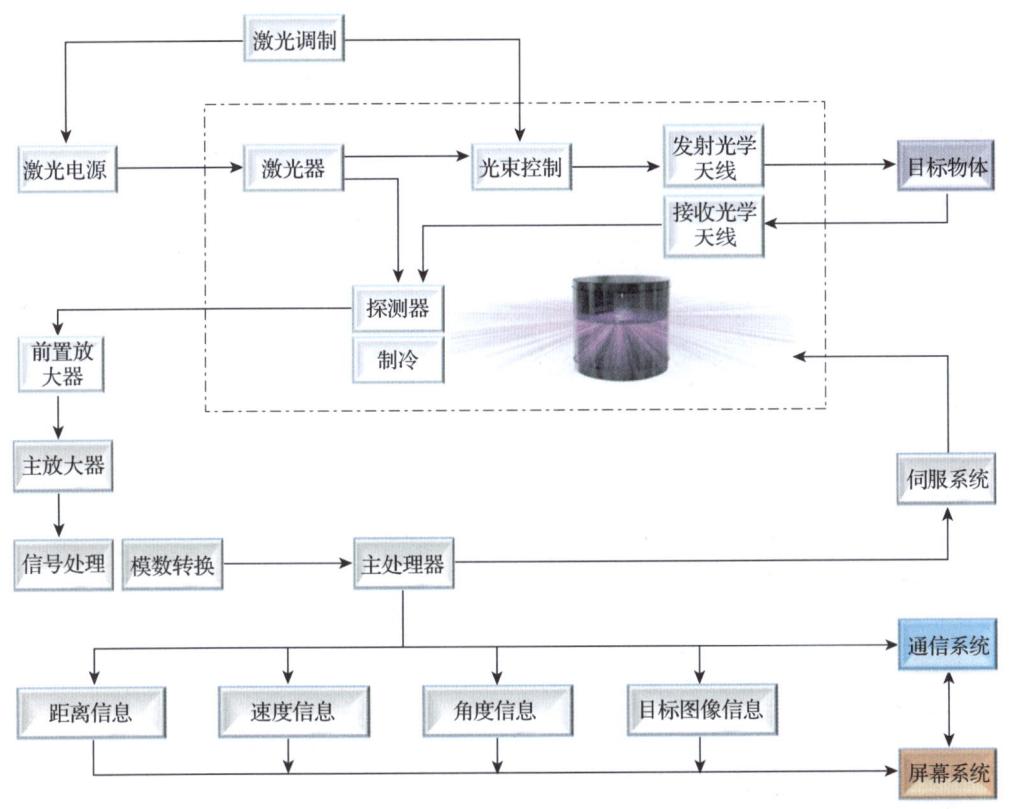

图3-16 激光雷达环境检测与信息提取示意图

图3-17 激光雷达获取环境点云的过程

在车载激光雷达应用领域,目前多为多线旋转式激光雷达和混合固态激光雷达,而固态激光雷达是车载激光雷达的发展方向。

1. 多线旋转式激光雷达结构与工作原理

如图3-18所示,多线旋转式激光雷达主要由激光发射器、光学接收器、伺服电动机、光学旋转编码器、倾斜镜等构成。

激光发射器将电脉冲变成光脉冲发射出去,光学接收器再把从目标反射回来的光脉冲还原成电脉冲,将连续检测获取的360°环境信息进行数据处理,得到环境的点云信息。

激光束越多,扫描频率越快,对环境中物体轮廓的获取就越全面。多线旋转式激光雷达获取的环境信息如图3-19所示。多线激光雷达通过三维点云对环境进行描述,通过进一步的数据处理,可以分辨出环境中目标的类型、运动状态、三维尺度等较为全面的信息。

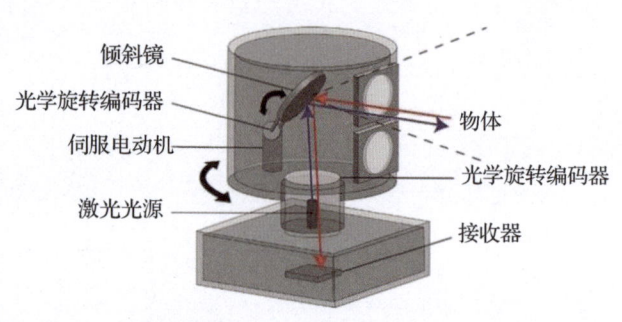

图3-18 多线旋转式激光雷达

图3-19 多线旋转式激光雷达的环境监测

目前常见的多线旋转式激光雷达一般分为16线、32线和64线,甚至128线。高频激光器可以在1s内获得$1\times10^6\sim1\times10^7$数量级的位置点云信息,并根据这些信息进行三维建模。除了获得位置信息外,还可以通过激光信号的反射率区分不同的材质(可用于车道线的识别)。

2. 混合固态激光雷达的结构与工作原理

混合固态激光雷达用"微动"器件代替宏观机械式扫描器,在微观尺度上实现雷达发射端的激光扫描，旋转幅度和体积的减小，可有效提高系统可靠性，降低成本。机械式激光雷达在工作时发射系统和接收系统会一直360°地旋转，而混合固态激光雷达工作时，单从外观上是看不到旋转的，巧妙之处是将机械旋转部件做得更加小巧并深深地隐藏在外壳之中。

常见的混合固态激光雷达有转镜式、棱镜式和MEMS振镜式三种类型。

(1) 转镜式混合固态激光雷达　转镜式激光雷达的激光收发模块是保持不动的，由电机带动反光装置在一定角度范围内摆动，或者360°转动，转镜运动的过程中将光束反射至空间的一定范围，从而实现扫描探测，其技术创新方面与机械式激光雷达类似。早期的激光雷达多采用这种方案，如图3-20所示。

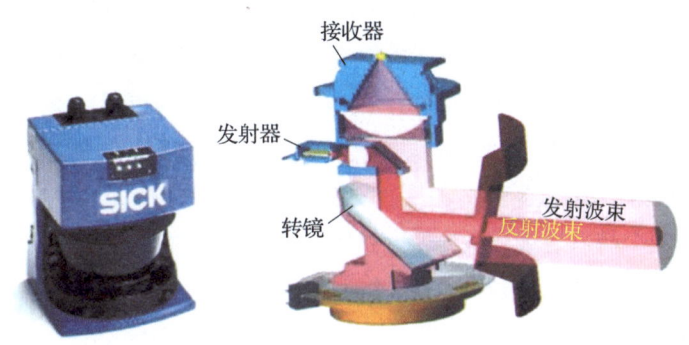

图3-20　转镜式激光雷达原理图

最早应用到量产车的激光雷达就是转镜式激光雷达，它应用在2017年发布的一款Audi A8量产车上。这款激光雷达是法雷奥与IBEO共同开发的SCALA，如图3-21所示。目前华为开发的车规级转镜式激光雷达也开始应用于量产车。极狐HBT就搭载了三颗由华为提供的转镜式混合固态激光雷达，分别位于车标和左右前照灯下方，如图3-22所示。

图3-21　搭载于Audi A8的SCALA

图 3-22 极狐 HBT 搭载了华为混合固态激光雷达

转镜式激光雷达在运行中要求光学转镜实现连续高速旋转,对于电机、轴承、转镜的配重等提出了较高的要求。同时由于其仍然存在较大的机械转动部件,扫描频率上限偏低,对恶劣环境的承受能力以及耐久性有限,也无法通过半导体工艺大批量出货实现降本。因此转镜路线是激光雷达上车的"功臣",但最终将被固态激光雷达所替代。

(2) 棱镜式混合固态激光雷达　如图 3-23 所示,棱镜式激光雷达也称为双楔形棱镜激光雷达,内部包括两个楔形棱镜,激光在通过第一个楔形棱镜后发生一次偏转,通过第二个楔形棱镜后再一次发生偏转。控制两面棱镜的相对转速便可以控制激光束的扫描形态。

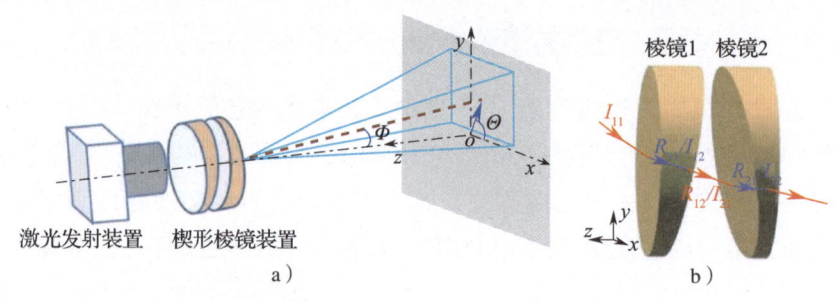

图 3-23 双楔形棱镜激光雷达示意图

棱镜式激光雷达目前在我国也有广泛应用,小鹏 P5 搭载的两颗激光雷达就是由大疆子公司 Livox 生产的双楔形棱镜激光雷达,如图 3-24 所示。

棱镜式激光雷达能够实现非重复扫描,解决了机械式激光雷达的线式扫描导致漏检物体的问题;能够实现随着扫描时间增加,达到近 100% 的视场覆盖率;没有电子元器件的旋转磨损,可靠性更高,更符合车规标准。

(3) MEMS 混合固态激光雷达　MEMS 是 Micro-Electro-Mechanical 的缩写,意为微电子机械系统。它是通过微振镜(图 3-25)的摆动实现环境扫描的。微振镜是 MEMS 激光雷达的核心组成部分,具有平整的光学镜面,将机械式激光雷达的旋转部件微缩,增加集成度。MEMS 将机械微型化,扫描单元变成了 MEMS 微镜。它消除了大型的机械旋转结构,从根本上降低了激光雷达的成本。这种激光雷达可以通过 MEMS 的结构设计实现更多线束的扫描来提高分辨率,而不必增加激光雷达的发射器和接收器。

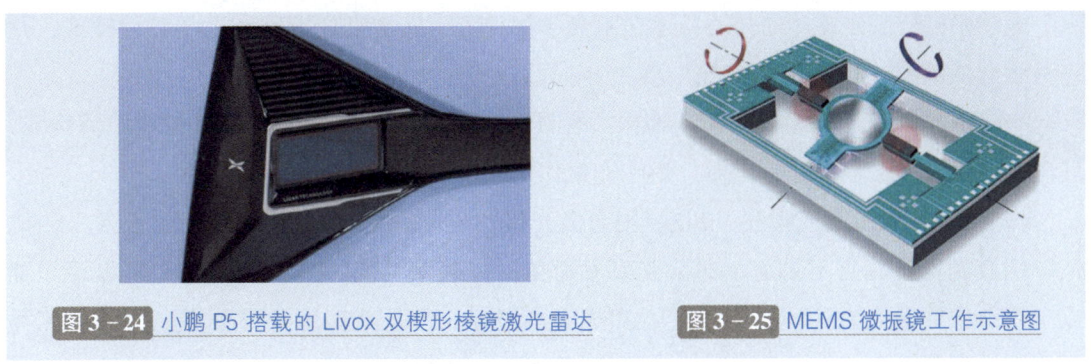

图3-24 小鹏P5搭载的Livox双楔形棱镜激光雷达　　图3-25 MEMS微振镜工作示意图

3. 固态激光雷达的结构与工作原理

无论是机械式激光雷达还是混合固态式激光雷达都依靠旋转部件来控制激光发射角度，而固态激光雷达则依靠电子元件来控制激光雷达的角度。与其他两种激光雷达相比，固态激光雷达有许多优势。首先，由于不需要旋转部件，可以优化雷达结构、压缩雷达尺寸、提高使用寿命，并降低成本；其次，固态激光雷达可以通过软件进行调节以适配不同的车辆，大大降低了标定的难度；再次，固态激光雷达具有数据采集速度快、分辨率高、对温度和振动适应性强等优点。

固态激光雷达通过电子元件控制激光光束发射角度，实现扫描范围的调整。由于光束可控，固态激光雷达可以实现扫描范围的动态调整，例如：在高速公路上强化前方扫描；在十字路口强化侧面扫描。根据调整光束的方式不同，固态激光雷达通常分为相控阵和Flash两种类型。

（1）相控阵固态激光雷达　这种固态激光雷达采用相控阵原理，通过调整发射阵中各发射单元的相位差来改变激光的出射角，实现探测范围的调整（图3-26）。光学相控阵通常由其相位的电子束扫描控制，因此也被称为电子扫描技术。

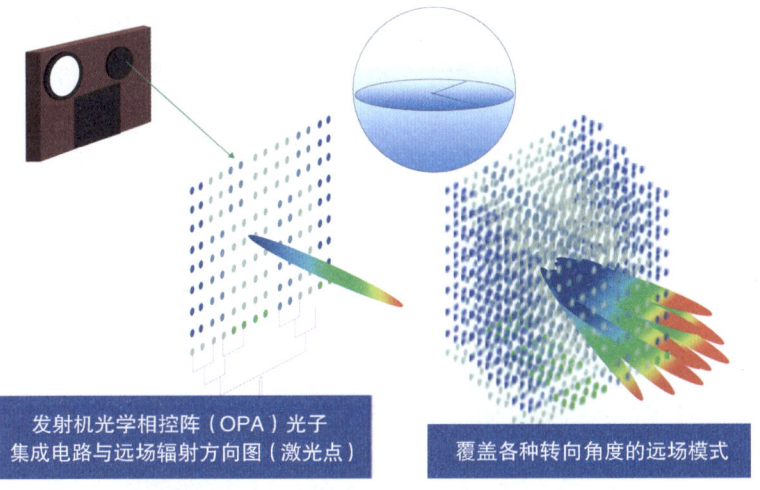

图3-26 相控阵固态激光雷达扫描范围产生示意图

光学相控阵激光雷达的核心技术包括光学相控阵、光学集成电路和远场辐射模式，是一种没有机械固件的纯固态激光雷达。

与传统的多线旋转式激光雷达相比，它具有扫描速度快、精度高、可控性好等优点，然而光学相控阵很容易形成旁瓣，影响光束作用距离和角分辨力。

（2）Flash 固态激光雷达　Flash 固态激光雷达是一种通过发射面阵光配置激光扫描范围的激光雷达，它不是通过对激光束发射角的控制来实现扫描，而是一种聚焦于二维或三维图像的激光雷达。虽然稳定性和成本都很好，但是其探测距离很近，另外，此类激光雷达在技术可靠性方面存在一些问题。图 3-27 所示为采用 3D Flash 技术的固态激光雷达。

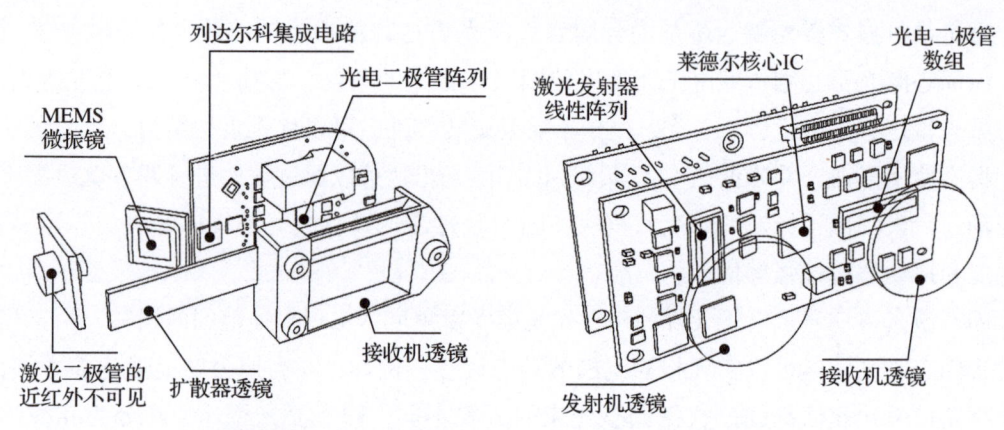

图 3-27　采用 3D Flash 技术的固态激光雷达结构示意图

3.3.2　激光雷达在智能网联汽车中的应用

激光雷达能够通过三维点云精确地还原环境，使得利用点云去提取环境中目标特征成为可能。在此基础上，激光雷达可以用于车道线检测、目标分类与运动跟踪，以及通过环境特征匹配进行 SLAM 高精度定位等。基于上述感知手段，激光雷达可以提供的功能非常全面，是目前自动驾驶车辆研究阶段必不可少的关键传感器。它能够提供高精度地图建图、高精度定位、环境中复杂物体的识别与跟踪等环境理解能力，为控制系统的正确决策提供指导。

在早期的各类无人驾驶赛事中，图 3-28 所示的 64 线机械式激光雷达因其可以实现高精度建图、定位，以及环境目标的检测和跟踪，而得到了广泛的应用，为无人驾驶系统的感知、决策、控制技术的系统研究做出了重要的贡献。

但因 64 线机械式激光雷达成本过高，且其安装、标定均需要付出大量工作，所以在目前量产的各类自动驾驶车型上已经很难见到它的影子。但是，由早期无人驾驶比赛积累的 SLAM、基于点云的模式识别、多传感器融合等技术，为目前自动驾驶技术的市场化奠定了坚实的基础。

图 3-28 无人驾驶比赛中的"巨星"64 线机械式激光雷达

目前，64 线机械式激光雷达在测绘、高精度地图构建领域，仍发挥着重要的作用，而且更多线束、更高成本的 128 线激光雷达也已市场化。同时，在自动驾驶技术研发过程中，通过多种激光雷达的组合（图 3-29），采用数据融合技术实现完整环境的拼接，减小激光雷达的盲区，为其他类型传感器的测试、自动驾驶环境感知与理解算法的探索提供了更丰富的环境信息。

图 3-29 激光雷达的组合应用

在汽车领域中，激光雷达的应用首先应保证成本、高度的环境适应性、较强的抗干扰能力等，因此，稳定性好、价格低的混合固态激光雷达率先在量产车中得到应用。另外，能量高度集中的激光光束有可能对人体造成损害（如眼睛或皮肤），国际电子技术委员会（International Electro-technical Commission，IEC）和美国食品药品监督管理局（Food and Drug Administration，FDA）对激光设备的安全性进行了分类，激光设备安全等级均应按FDA或IEC标准进行标注，车载激光雷达必须达到规定的安全等级。此外，为了解决激光雷达的安装、布置以及成本等问题，同时保证激光雷达各项优良性能充分发挥，各类混合固态激光雷达通过多雷达组合的方式在车辆中得以应用。

当下，混合固态激光雷达是量产车配置激光雷达的主流，我国的许多新能源汽车，如小鹏 P5、极狐阿尔法 S、蔚来 ET7 和广汽 AION LX 都安装了不同类型的混合固态激光雷达。纯固态激光雷达也开始少量应用于量产车，不过由于其处于发展阶段，成本昂贵，目前并不是量产车的首要选择。混合固态激光雷达是机械式激光雷达和纯固态激光雷达之间的妥协方案。与机械式激光雷达相比，它只扫描前方一定角度范围；同纯固态激光雷达相比，仍然有一些较小的活动部件。混合固态激光雷达在成本、体积等方面更容易得到控制，是目前阶段量产装车的主流产品。不过，随着半导体技术的发展和固态激光雷达技术的成熟，固态激光雷达的价格将大大降低，成为车载激光雷达的主流，如图 3-30 所示。

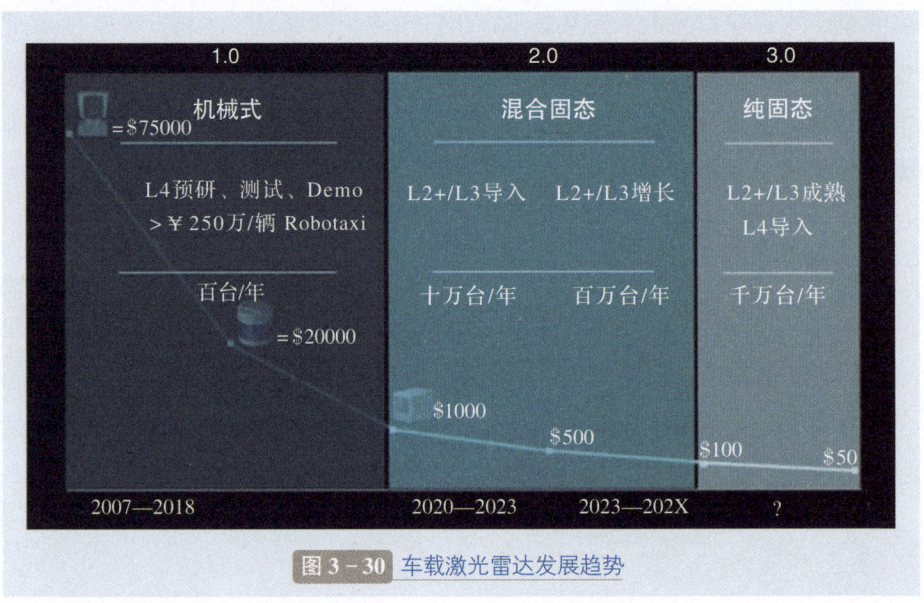

图 3-30　车载激光雷达发展趋势

思 考 题

本章的学习目标,你已经达成了吗?请通过思考以下问题的答案进行结果检验。

序 号	问 题	自检结果
1	汽车雷达有哪些类型?	
2	简述超声波雷达的结构、原理和性能指标。	
3	举例说明超声波雷达在智能网联汽车中的应用。	
4	简述毫米波雷达的结构、原理和特点。	
5	举例说明毫米波雷达在智能网联汽车中的应用。	
6	简述激光雷达的结构、原理、分类及特点。	
7	举例说明激光雷达在智能网联汽车中的应用。	

第 4 章 高精度定位与导航系统

学习目标

1. 知道高精度地图包含的信息
2. 知道高精度地图在智能网联汽车中的作用
3. 熟悉高精度地图的采集与生成过程
4. 熟悉GPS和北斗卫星定位系统的组成
5. 理解全球导航卫星系统的定位原理
6. 理解惯性导航系统测量的原理
7. 熟悉全球导航卫星系统和惯性导航系统的优缺点及其组合应用
8. 熟悉智能网联汽车中高精度定位的实现方式
9. 熟悉智能网联汽车中导航定位系统的集成应用

要实现智能网联汽车的自动驾驶功能，离不开车辆的高精度定位和导航，本章主要介绍高精度地图、高精度导航定位系统及其在智能网联汽车中的具体应用。

4.1 高精度地图

4.1.1 高精度地图的基本概念

在传统的导航系统中，数字地图根据起始位置、目标位置为使用者规划行驶路径，辅助驾驶人驾驶。对于由驾驶人来观察环境并进行控制的车辆，传统的导航地图通常仅需描述一些典型的道路交通特征（限速、测速、红绿灯等）、路口指引（左转、右转、直行等）等道路级的导航信息，导航过程中10m级的定位精度即可满足系统要求。

对于自动驾驶系统，导航系统需要提供更高精度的行驶路径，引导车辆驶向目的地，将环境中尽可能丰富的信息提供给自动驾驶系统。作为存储静态、准静态交通信息的数据库，为了满足自动驾驶系统的导航、路径规划要求，高精度地图需要提供更精细、精确的交通信息（图4-1）。

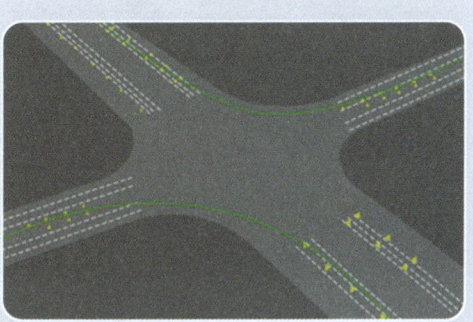

图4-1 高精度地图与传统地图信息对比示意图

在自动驾驶中，高精度地图不仅可以用于导航、路径规划，还可以为环境感知和理解提供先验知识，辅助车载传感器实现高精度定位。高精度地图被普遍认为是L3级及以上自动驾驶不可缺少的关键技术。

与传统地图相比，高精度地图信息的丰富性和准确性都有显著的提升。高精度地图提供的信息有以下内容和特点。

（1）道路参考线　为了实现车道级导航、路径规划功能，需要在原始地图数据中抽象道路结构，形成由顶点组成的拓扑图形结构，同时为了优化数据的存储，需要将道路用连续的曲线段来表示。

（2）道路连通性　除道路参考线外，高精度地图还应描述道路的连通性。比如路口中没有车道线的部分，需要将所有可能的行驶路径抽象成道路参考线，在高精度地图数据库中体现。

（3）车道模型　除了记录道路参考线、车道边缘（标线）和停车线外，高精度地图数据库还需要记录无车道道路的拓扑结构，且除车道的几何特性外，道路模型还包括车道数、道路坡度、功能属性等。

（4）对象模型　如图4-2所示，对象模型记录道路和车道行驶空间范围边界区域的元素，模型属性包括对象的位置、形状和属性值。这些地图元素包括路肩、护栏、互通式立交桥、隧道、龙门架、交通标志、可变信息标志、轮廓标志、收费站、电线杆、交通灯、墙壁、箭头、文字、符号、警告区、分流区等。

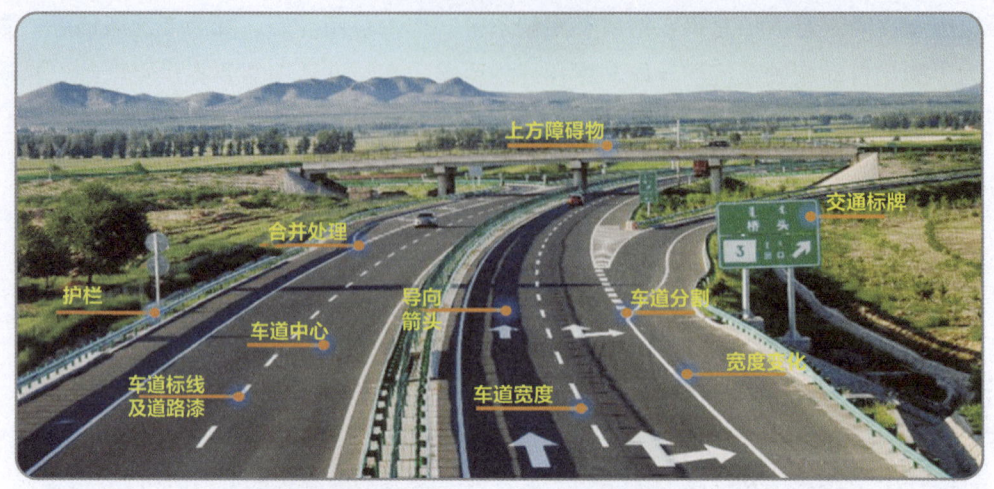

图 4-2 高精度地图的对象模型元素

在智能网联汽车应用领域，高精度地图在高精度定位、辅助环境感知、规划和决策各环节都发挥着重要作用。

（1）规划和决策　高精度地图可以看成一种超视距传感器，它提供了极远距离的道路信息，用于智能驾驶系统的全局路径规划，并对局部路径规划进行有效的辅助。

（2）辅助高精度定位　高精度地图可以提供道路中特征物（如标志牌、龙门架等）的形状、尺寸、高精度位置等语义信息，车载传感器在检测到相应特征物时，就可根据检测到的特征物信息去匹配上述语义信息，由车辆与特征物间的相对位置推算出当前车辆的绝对高精度位置信息（图 4-3）。高精度定位是高精度地图有效应用的重要方向，也是自动驾驶系统自主导航、自动驾驶的重要前提。在车载传感器定位受限情况下，高精度地图可以为自动驾驶系统提供有效的辅助定位信息。

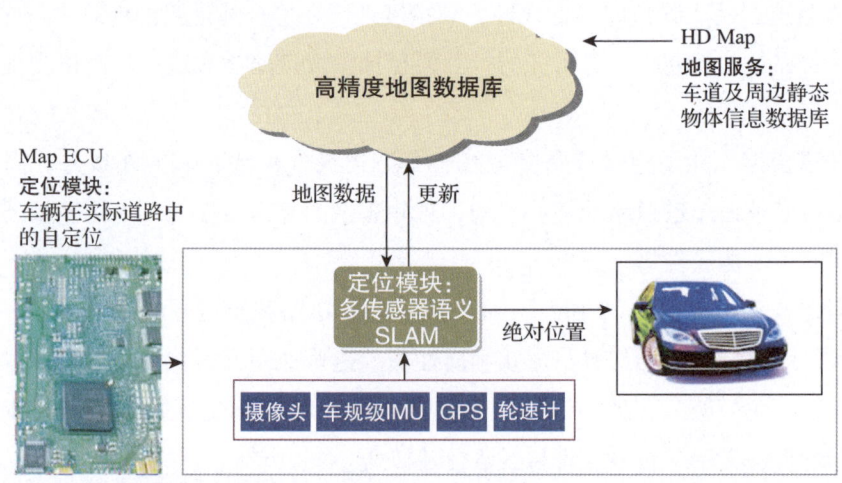

图 4-3 高精度地图辅助车载传感器实现高精度定位示意图

（3）辅助环境感知　高精度地图能够提高自动驾驶车辆数据处理效率，当自动驾驶车辆感知重构周围三维场景时，可以利用高精度地图作为先验知识减少数据处理时的搜索范围。在高精度三维地图上标记详细的道路信息，可以为自车感知系统提供有效的辅助识别，优化感知系统的计算效率，提高识别精度、减少误识别的发生等。

高精度三维地图是在高精度地图静态信息基础上，添加动态交通信息的地图（图4-4）。这些动态信息包括道路交通拥挤、施工条件、交通事故、交通管制条件、天气条件等动态交通信息。不同于准静态信息的更新，如翻修、道路标志磨损和重新刷漆、交通标志改变等，动态交通信息可以通过周期性的高精度地图更新完成。

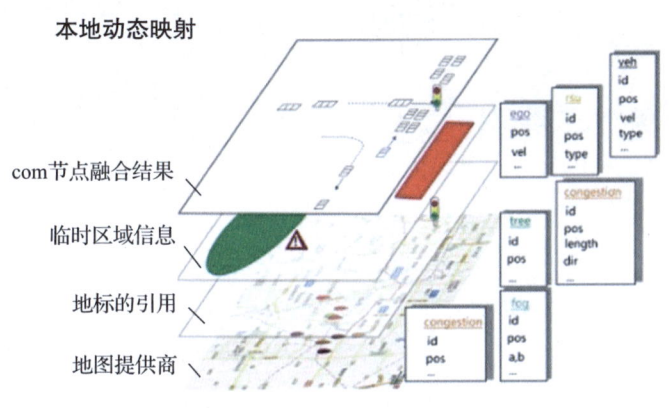

图4-4　动态地图信息构成示意图

动态交通信息的更新需要实时反映在地图上，以确保智能网联汽车驾驶的安全。实现实时高精度地图存在诸多技术难点，如信息安全、信息完整、数据更新、高速传输等问题需要解决。但是，随着智能网联汽车的广泛应用、车联网技术的发展，更丰富的动态交通信息分享可以使汽车更智能。

4.1.2　高精度地图采集与生产

高精度地图与传统地图相比，具有不同的采集原理和数据存储结构。传统地图依赖拓扑结构和传统的数据库，将各种元素作为对象堆放在地图上，将道路存储为路径。

在高精度地图中，为了提高存储效率和机器可读性，地图在存储时分为矢量层和对象层。在高精度地图生产过程中，通过提取车辆上传感器采集的原始数据，获取高精度地图特征值，构成特征地图，并在此基础上，进一步提取、处理和标注矢量图形，包括道路网络信息、道路属性信息、道路几何信息和道路上主要标志的抽象信息。高精度地图数据加工和生产过程如图4-5所示。

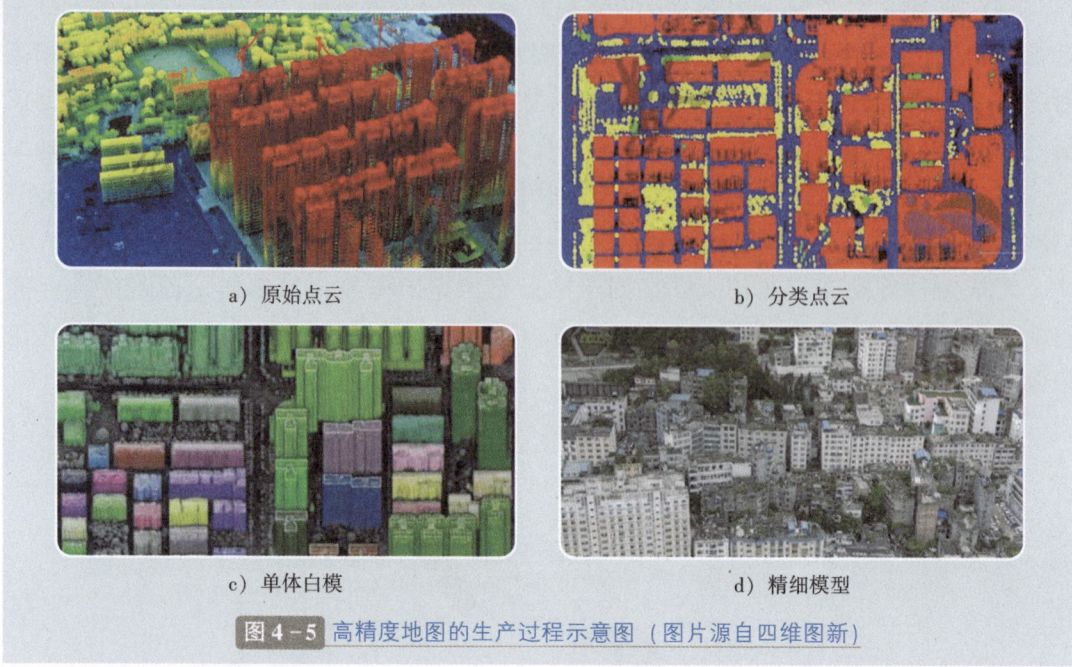

图 4-5 高精度地图的生产过程示意图（图片源自四维图新）

高精度地图的生产流程主要包括：

（1）实地采集 通常称为"外业"，实地采集是制作高精度地图的第一步，主要通过采集车的现场采集来完成。采集的核心设备是激光雷达、高精度差分-惯导-卫星定位系统，它通过激光反射形成点云，完成对环境中各种物体的采集，并通过高精度定位系统记录行驶轨迹和环境中物体的高精度位置信息。

（2）加工 通常称为"内业"，加工是指对采集到的数据进行加工，以提取高精度地图所需要表达的信息，形成高精度地图数据库。加工的过程包括人工处理、深度学习的感知算法等，获取的信息如图 4-6 所示。

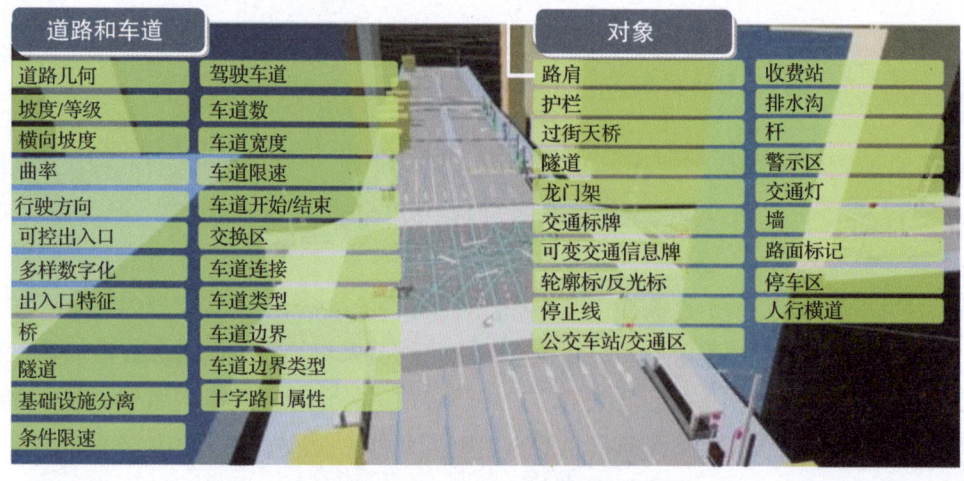

图 4-6 高精度地图综合数据内容采集

采集的设备越精密,采集的数据越完整,就可以降低算法的不确定性;收集到的数据不完整,就需要更复杂的算法来补偿数据缺陷,且容易产生更大的误差。因此,实地采集所用到的设备成本高昂,目的是保证获取数据的精确性,以及提高采集数据的利用率。图4-7是集成了卫星定位、激光雷达、惯性导航与数据处理系统的高精度地图采集设备。

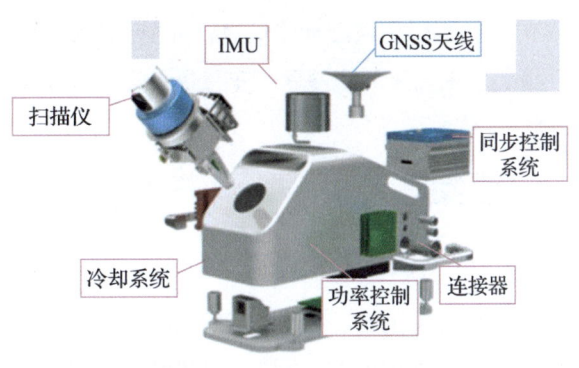

图 4-7 高精度地图采集设备

(3)后续更新 通常随着时间的变化,道路会由于破损、翻修、规划等种种原因发生变化。为保证高精度地图中信息的可靠性和有效性,需要对地图进行周期性,或者由一定原因触发的更新。可以采取的高精度地图更新方式有众包方式、与政府实时交通处理部门合作等。图4-8描述了一种基于智能网联交通系统的地图更新模式。

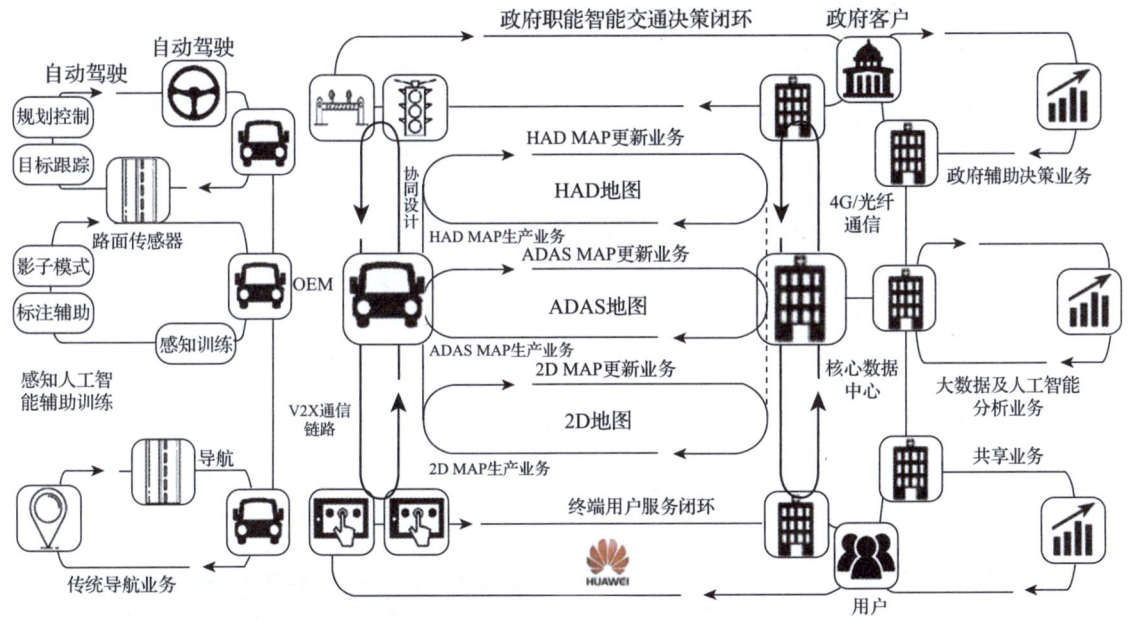

图 4-8 高精度地图更新(图片来自华为)

规模化、市场化的高精度地图由于其生产和维护的复杂性、高成本,需要通过标准化实现高精度地图行业的持续发展和有效应用。目前,涉及高精度地图的标准有 ADASIS、OpenDrive 等,它们都提供了标准的格式和数据内容,保证不同企业生产的高精度地图在应用方面的一致性。ADASIS 是 ADAS Interface Specification 的缩写,通过称为电子地平线的地图信息片形式提供车辆周围的高精度地图信息。OpenDrive 初衷是建立统一的路网逻辑,以

XML 格式提供车道级地图信息，并提供各编程语言的解析接口，方便开发者快速整合到自有环境，后来由于智能网联汽车发展的需求，也被作为高精度地图的标准格式。

4.1.3 其他形式的高精度地图

1. 众包数据构建高精度地图

面对需求迫切、前景广阔的高精度地图市场，传统的重资产现场采集存在更新周期长、生产和维护困难的问题，实际应用也受到各类政策、法规的限制，于是，一种通过众包数据构建高精度地图的技术方案被提出并得到了探索和应用。除了降低成本外，众包数据构建的高精度地图在实时性上有很大优势。目前，视觉算法与芯片供应商 Mobileye 推出 Roadbook 和 REM 的众包高精度地图技术，这些方案使用安装了成本相对低廉的车载传感器的智能网联汽车收集路况与道路特征，然后通过深度学习和图像识别算法将其转换为结构化数据，生成高精度地图众包信息。数据来源于用户，而且服务于用户，不仅可以向此类车辆提供高精度地图，还可以提供高精度定位服务。通用、日产、丰田、上汽等汽车厂商也积极采用众包采集方式为各自品牌的汽车提供相关服务。

2. 实时定位与地图构建

实时定位与地图构建（Simultaneous Localization and Mapping，SLAM）是一种在机器人领域广泛使用的地图构建与定位技术。可以使用激光、视觉、红外线等传感器，在机器人移动过程中获取不同时刻传感器检测的环境特征，进一步识别类似的部分，将检测到的环境信息进行拼接，对行驶过的环境进行基于当前传感器信息的完整描述，即高精度地图构建。

在目前市场上高精度地图商业化应用尚未成熟的情况下，大量的创新企业、科研单位正在使用这种高精度地图进行高等级智能网联汽车领域相关技术的探索。在汽车领域，可以用于 SLAM 构建高精度地图的传感器主要有视觉传感器和激光雷达，这些传感器的共同特点是能够获取足够丰富的环境信息，尤其是环境中物体的轮廓点云，可以满足运动过程中两个连续时刻采集的环境信息有足够丰富的特征去匹配和拼接。

SLAM 构建的高精度地图对前期建图与后期定位使用的传感器及其安装标定有比较高的要求，适合车辆在小范围或者特定线路下，自车使用特定传感器进行建图、定位、路径规划的场景（图 4-9）。但是，随着一

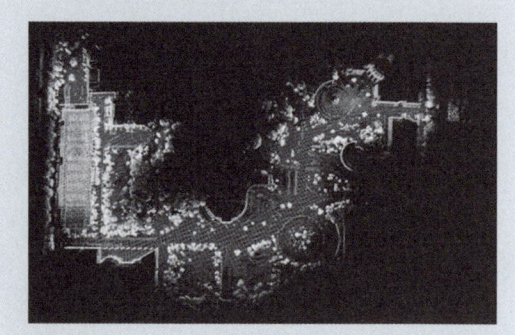

图 4-9 基于激光点云的 SLAM 局部高精度地图

些语义级别高精度地图的构建，SLAM 构建的高精度地图在传感器的一致性和对安装标定的要求有所缓解，只不过在大规模量产过程中，由于建图过程的复杂性（需要处理大量点云，且随着行驶范围的增加，建图周期会比较长），其应用场景比较有限。但是 SLAM 在研发阶段为完整的自动驾驶功能开发提供了有效的局部地图构建和高精度定位。

4.2 高精度定位系统

4.2.1 全球导航卫星系统

GPS 定位原理及其在智能网联汽车上的应用

1. 全球导航卫星系统种类

全球导航卫星系统（GNSS）是人类历史上的重大技术突破，给航海、航空以及日常生活各方面带来了巨大变革。该系统是由多颗覆盖全球的卫星组成的卫星系统，大多数情况下可保证地球上任何一点在任何时候都能观测到四颗卫星，以便获得观测点的经纬度、高度，为全球导航、定位、定时等功能提供三维位置和三维速度等信息。

目前，全球有四大卫星定位系统：中国北斗卫星导航系统、美国 GPS 卫星导航系统、俄罗斯 GLONASS 卫星导航系统和欧盟伽利略卫星导航系统。

使用最为广泛的是美国 GPS 卫星定位导航系统。20 世纪 70 年代初，美国国防部设计开发了 GPS 并于 1993 年建成。

GPS 定位卫星的星座如图 4-10 所示，24 颗卫星均匀分布在 6 个轨道面上，轨道倾角为 55°，每一轨道面相距 60°，即轨道的高度为 60°。各轨道平面上，卫星间的仰角相隔 90°，其中一个轨道平面上的卫星比西部相邻轨道平面上相应的卫星领先 30°。

1994 年，美国开始向其他国家提供免费定位服务，但考虑国家安全因素，只向其他国家民用领域提供低速、低精度卫星信号。如果美国出于某种原因关闭服务终端，就会影响到其他国家的应用。出于国家安全考虑，世界上一些国家也开发了自己的卫星定位系统。20 世纪后期，我国开始探索适合中国国情的卫星导航系统发展道路，逐步形成了"三步走"发展战略：2000 年底，建成北斗一号系统，向中国提供服务；2012 年底，建成北斗二号系统，向亚太地区提供服务；2020 年，建成北斗三号系统，向全球提供服务；2035 年前还将建设完善

图 4-10 GPS 定位卫星星座

更加泛在、融合、智能的综合时空体系。从定位原理和功能上,以上全球导航卫星系统基本一致,只是在技术细节上有一些差异。

2. GPS卫星定位导航系统组成

GPS卫星定位导航系统由地面控制部分、空间部分和用户设备部分三部分组成。

(1) 地面控制部分　地面控制部分由主控站、地面天线、监测站和通信辅助系统组成,如图4-11所示。

1) 主控站。主控站是导航卫星地面站的核心,主要功能是采集各监测站的数据,计算卫星星历表和信号异常处理的校正量,管理和协调地面监测系统各部分的工作,采集各监测站的数据。主控站将导航信息编译发送到注入站,将卫星星历表注入卫星,监测卫星状态,并向卫星发送控制命令。

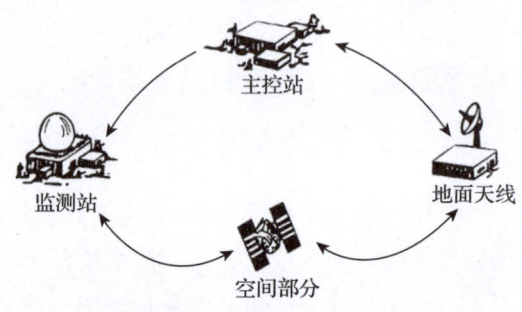

图4-11　GPS地面控制部分

2) 地面天线。地面天线是接收卫星信号的时钟系统信号接收部分的一个子部分,卫星信号分为L1和L2,频率分别为1575.42MHz和1228MHz。L1是一个开放的民用信号,信号是圆极化的。信号强度约为166 DBM,是一个相对较弱的信号。地面天线按照不同的放置方式分为内置天线和外置天线,按供电方式又可分为有源天线和无源天线。汽车车载的GPS天线多为内置圆形天线,也有线性天线。

3) 监测站。监测站是在导航卫星系统中监测和采集数据的卫星信号接收站。根据任务的不同,监测站可分为时间同步轨道确定监测站和完好性监测站。它的主要功能是对导航卫星信号进行跟踪监测,接收导航卫星信息,测量监测站相对导航卫星的伪距、载波相位和多普勒观测数据,经过预处理后,送入主控站,作为卫星定轨、时间同步、广域差分和完好性监测的依据。为了实现高精度、强实时性,要求监测站在全球范围内尽可能均匀分布,实现导航卫星的全弧跟踪。GPS卫星定位导航系统共有5个监测站,其中4个与主控站(Main Control Station,MCS)和地面天线站重叠。每个监测站使用双频GPS信号接收器,对每个可见卫星每6s进行一次伪距测量和积分多普勒观察,收集气象、环境、地理信息等要素资料。

4) 通信辅助系统。卫星通信是指在卫星上安装具有一定功率的转发器,对地面发射的信号进行适当的处理,并传送到另一地点,实现两个或两个以上地点之间的通信。车辆定位信息通信主要基于地理信息系统,地理信息系统是专业的空间数据管理系统,其技术可以应用于勘探、测绘和路线规划。

(2) 空间部分　GPS的空间部分由24颗工作卫星组成一个GPS卫星组,其中21颗是导航卫星，3 颗是在轨备用卫星。24 颗卫星以 55°的轨道倾角绕地球运行。卫星的运行周期约为 12h。每个导航卫星发射导航和定位信号，用户可以使用这些信号来实现导航。

（3）用户设备部分　用户设备部分包括卫星导航接收器和卫星天线。它的主要功能是根据一定的卫星截止角捕获被测卫星，并跟踪这些卫星的运行情况。当接收器捕获被跟踪的卫星信号时，可以测量接收天线对卫星伪距和距离的变化率，并解调卫星轨道参数等数据，基于这些数据，接收器中的微处理器可以根据定位解算方法进行定位计算，并计算用户地理位置的纬度、经度、高度、速度、时间等信息。

3. 北斗卫星定位导航系统组成

北斗卫星定位导航系统是中国着眼于国家安全和经济社会发展需要，自主建设、独立运行的全球卫星导航系统，是为全球用户提供全天候、全天时以及高精度的定位、导航和授时服务的国家重要空间基础设施。

北斗系统自提供服务以来，已在交通运输、农林渔业、水文监测、气象测报、通信授时、电力调度、救灾减灾、公共安全等领域得到广泛应用，服务国家重要基础设施，产生了显著的经济效益和社会效益。基于北斗系统的导航服务已被电子商务、移动智能终端制造、位置服务等厂商采用，广泛进入中国大众消费、共享经济和民生领域，应用的新模式、新业态、新经济不断涌现，深刻改变着人们的生产生活方式。

北斗系统具有以下特点：首先，系统空间段采用三种轨道卫星组成的混合星座，与其他卫星定位导航系统相比，高轨卫星更多，抗遮挡能力强，尤其低纬度地区性能优势更为明显；第二，北斗系统提供多个频点的导航信号，能够通过多频信号组合使用等方式提高服务精度；第三，北斗系统创新融合了导航与通信能力，具有实时导航、快速定位、精确授时、位置报告和短报文通信服务五大功能。北斗系统用户终端最多可容纳 54 万/h 的用户，具有双向报文通信功能，用户可一次发送 40~60 个汉字的短报文信息。北斗系统具有精确的授时功能，可以为用户提供 20~100ns 的时间同步精度。

北斗系统与 GPS 类似，也由空间段、地面段和用户段三部分组成，具体构成为：

（1）空间段　北斗系统空间段由 35 颗卫星组成，其中地球静止轨道卫星 5 颗、中圆地球轨道卫星 27 颗、倾斜地球同步轨道卫星 3 颗。5 颗地球静止轨道卫星的固定位置为东经 58.75°、80°、110.5°、140°和 160°。中圆地球轨道卫星运行在三个轨道面上，轨道面均匀分布 120°。倾斜地球同步轨道卫星的轨道倾角是 55°。

（2）地面段　北斗系统地面段由主控站、注入站和监测站组成。主控站用于系统运行管理和控制，接收来自监测站的数据，并对其进行处理，生成卫星导航电文和差分完好性信息，然后将信息传送到注入站进行发送。注入站用于向卫星发送信号、控制和管理卫星，在接收到主控站调度后，向卫星发送卫星导航电文和差分完好性信息。监测站用于接收卫星信号并将其发送到主控站进行卫星监测,以确定卫星轨道,并为时间同步提供观测资料。

(3) 用户段　用户段包括北斗用户终端和与其他卫星导航系统兼容的终端。接收器需要捕捉和跟踪卫星的信号,并根据数据以一定的方式进行定位计算,最终获得用户的纬度、经度、海拔、速度、时间等信息。北斗系统可以为全世界各种用户提供全天候、高精度、高可靠性的定位、导航和授时服务,具有短报文通信能力。

4. 全球导航卫星系统定位原理

全球导航卫星系统定位原理是利用卫星作为参考点,即在卫星位置已知的前提下,用户接收卫星信号并计算到卫星的距离,在地面上进行三角交叉测量,从而计算接收器的位置。定位方法是测量未知点与已知位置卫星之间的瞬时距离,主要有伪距观测和载波相位观测两种测量方法。

由于载波相位观测的精度远高于伪距观测,因此载波相位观测主要用于高精度测量如地理测绘、精密农业等。无论是伪距观测还是载波相位观测,观测的都是卫星到接收器的距离。

计算过程依据三角交叉定位的原理,如图 4-12 所示。只要同时观测三颗卫星,获得三个空间距离,并根据每颗卫星的广播星历计算出每颗卫星的空间位置,就可以将接收器所在位置计算出来。

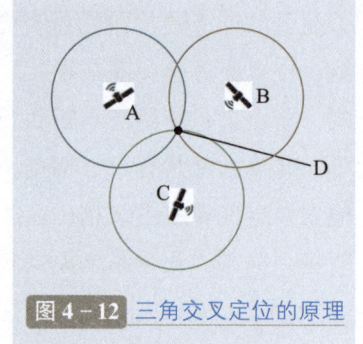

图 4-12　三角交叉定位的原理

5. 卫星定位与惯性导航的融合

全球导航卫星系统是应用最广泛的定位系统,它使用方便,成本低,定位精度高。然而,全球导航卫星系统的应用也面临着易受干扰、动态环境可靠性差、数据输出频率低、高层建筑卫星信号闭塞等问题。如果将卫星定位导航和惯性导航系统结合起来,两个导航系统可以相互补充,形成一个有机的整体。

扫一扫：惯性测量单元(IMU)的工作原理及其在智能网联汽车上的应用

扫一扫：GPS 和 IMU 传感器在智能网联汽车中的综合应用——卡尔曼滤波器

4.2.2　惯性导航系统

1. 惯性导航系统的原理与构成

惯性导航系统（INS）是利用惯性测量单元（IMU）的角度和加速度信息来计算载体的相对位置的一种定位技术。IMU 利用陀螺仪或加速度计等惯性传感器的参考方向和初始位置信息来确定载体位置。惯性导航涉及力学、控制理论、计算机技术、测试技术、精密机械技术等,是一门综合性很强的应用技术。

典型的六轴 IMU 由 6 个传感器组成，这些传感器排列在三个正交轴上，每根轴上都有 1 个加速度计和 1 个陀螺仪。加速度计可以测量载体的瞬时加速度信息，根据计算获得载体的瞬时速度和位置；陀螺仪可以测量瞬时角速率或角位置信息，提供各轴（及其上加速度计）在各时刻的方向。基于上述过程，空间载体的瞬时运动参数，包括直线运动和角运动参数，可以由 IMU 测量得到。惯性导航可以利用这些测量值来计算载体的空间位置和速度，并且通过 IMU 提供的三轴角速度数据，估计车辆姿态，如侧倾、俯仰和航向等。

（1）陀螺仪　如图 4-13 所示，陀螺是一种绕支点高速旋转的物体，当它高速运行时，可以直立地立在地面上而不会倾倒。这表明高速旋转的物体具有保持其旋转轴方向恒定的特性。

在 19 世纪，物理学家用支架来支撑陀螺，这个受支撑的陀螺叫作陀螺仪，其结构一般由转子（旋转轮）、内框和外框组成。

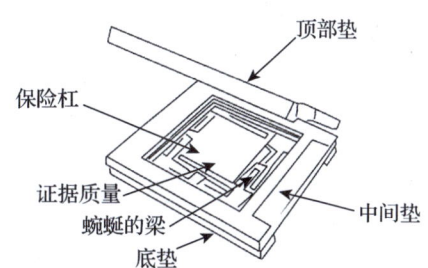

图 4-13　陀螺仪

转子可以在内部框架内高速旋转，内框可以绕内框轴相对于外框自由转动，外框绕外框轴相对于支架自由转动，两个旋转的角速度称为牵连角速度。旋转轴、内框架轴和外框架轴的轴线相交于一点，称为陀螺支点，整个陀螺可以围绕支点任意旋转。

陀螺有多种类型，根据陀螺转子主轴的进动程度可分为二自由度陀螺和单自由度陀螺。根据支撑系统可分为滚珠轴承陀螺、液浮/气浮陀螺和磁悬浮陀螺、挠性陀螺和静电陀螺。根据物理原理可分为转子陀螺、半球谐振陀螺、微机械陀螺、环形激光陀螺和光纤陀螺。

目前，惯性导航技术已经实现了高精度、高可靠性、低成本、小型化、数字化，陀螺仪精度不断提高。另外，RLG、FOG、MEMS 等新型固态陀螺仪技术的成熟，也推动惯性导航系统在各领域得到了广泛的研究和应用。

（2）加速度计　加速度计实际上是用 MEMS 系统（图 4-14）将检测惯性力造成微小形变的机械结构集成在芯片中，采集惯性力产生的电信号以测量惯性力，进而根据测量惯性力的大小，应用牛顿第二运动定律计算运动物体的线加速度。基于这种检测原理，加速度计不会区分重力加速度与外力加速度。

加速度计属于惯性传感器，是惯性导航的重要组

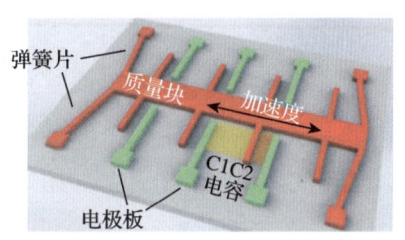

图 4-14　MEMS 加速度计结构示意图

成部分之一。与传统加速度传感器相比，MEMS加速度计具有体积小、重量轻、成本低、功耗低、可靠性高等优点，可广泛应用于航空航天、汽车等领域。

根据加工工艺，常用的MEMS加速度计，可分为块状硅微加速度计和表面工艺微加速度计。根据不同的测量原理，可分为压阻式、压电式、隧道式、电容式和热式加速度计。MEMS加速度计在车辆稳定性控制系统中早已得到普遍应用，在智能网联汽车惯性导航领域，也是重要的传感器之一。

在惯性导航实现过程中，惯性导航系统既不向载体外部发送信号，也不接收来自外部的信号，是一种自主的导航方式。惯性导航系统信号还可用于协助接收器天线与导航卫星定位对准，从而减少信号干扰对系统的影响。对于导航载波相位测量，惯性导航系统能够很好地解决卫星定位导航周期跳变和信号丢失后全周模糊度参数的重新计算问题。惯性导航系统的缺点主要是定位误差随着时间的推移而累积，经过长时间的工作，累积误差会有不同程度的变化。综上所述，惯性导航是一项智能网联汽车领域不可或缺的关键技术，但也需要和其他各种定位传感器相互配合，来满足智能网联汽车的高精度定位需求。

2. GNSS和INS的组合应用

INS利用安装在载体上的惯性器件敏感载体的运动，输出载体的姿态和位置信息，具有很强的自主性、保密性、灵活性且机动性强，具备多功能参数输出，但是由于导航精度随时变化，INS不能长时间单独工作，必须连续校准。GNSS由于需要接收足够数量的卫星信号才能够实现定位，受各种物理、电磁信号等遮挡影响比较大。

从GNSS和INS的优缺点来看，两者具有很强的互补性。在短时间内，INS的误差比GNSS小，但长时间使用时，必须通过GNSS离散测量值进行修正，通过抓取系统漂移量，达到快速估计状态参数与收敛的目的。

当卫星定位导航信号受到高强度干扰或卫星系统接收器出现故障时，惯性导航系统可独立进行导航定位。另外，惯性导航系统具有定位精度高、数据采样率高等特点，能在短时间内为卫星定位导航提供辅助信息，利用这些辅助信息，接收器可以保持较低的跟踪带宽，从而提高系统获取卫星信号的能力。当卫星定位导航信号条件显著改善允许跟踪时，惯性导航系统向卫星定位导航接收器提供有关初始位置、速度等信息，以便快速重新获取导航代码和载波。GNSS的定位传感器相对准确，但更新频率较低，不能满足实时计算的要求。INS的定位误差会随着运行时间的增加而增大，但由于它采用了高频传感器，所以可在短时间内提供稳定的实时位置更新。

在GNSS和INS组合系统中，可以通过卡尔曼滤波器处理传感器测量值，从而给出更加准确、稳定的载体高精度定位信息（图 4 – 15）。卡尔曼滤波器的工作主要分为预测阶段和更新阶段。预测阶段根据最后一个时间点的位置信息预测当前的位置信息。更新阶段通过对目标位置的当前观测修正位置预测，从而更新目标的位置。

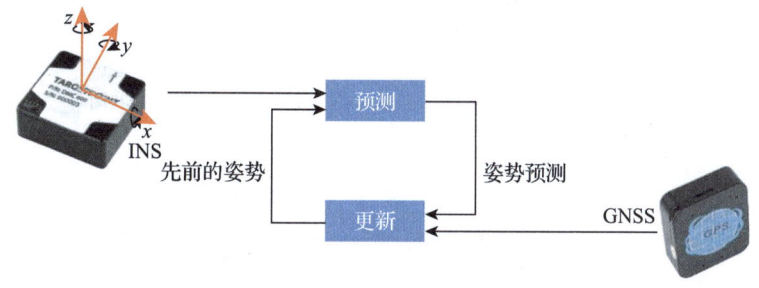

图 4 – 15　GNSS 与 INS 的传感器融合定位

卡尔曼滤波器采用最优化自回归数据处理算法，应用广泛。使用卡尔曼滤波器可以组合 GNSS 和 INS 的测试结果，根据含有噪声的物体传感器测量值，预测出物体的位置坐标和速度。它具有很强的鲁棒性，即使观察到的物体位置有误差，也可以根据物体的运动规律预测一个位置，再结合当前获取的位置信息，减少传感器误差，增强位置测量的连续性和稳定性，更加准确地输出载体的位置。

3. 惯性导航系统的其他应用

惯性导航系统的另一功能是辅助激光雷达、摄像头等车载局部环境感知系统，获取车辆与环境的高精度位置关系。在车辆行驶过程的侧倾、俯仰、横摆等运动情况下，惯性导航系统为车载传感器提供车辆的空间位置和姿态，用于修正传感器对环境的检测，建立更加准确的环境感知。

4.2.3　高精度定位实现方式的总结

自动驾驶系统的定位方法有很多，主要是综合应用了全球导航卫星系统、惯性导航系统以及高精度地图、车载激光雷达或视觉传感器。对各种定位方式进行概括总结，可将这些定位方法分为差分卫星定位、磁感应定位、惯性导航定位、视觉和激光雷达地图信息匹配定位等，各自原理与特点介绍如下。

（1）差分卫星定位　卫星定位方法是一种绝对姿态测量方法，但是仅依靠接收器搜索卫星，能够提供的精度比较有限。基准站固定在地面，有稳定的位置，可以通过自身的位置真值修正卫星定位过程中的动态误差。通过基准站差分的方式可以提供更高精度的定位，如图 4 – 16 所示。

差分卫星定位的实现方式主要有连续运行参考站、星基增强等。它的共同点是在卫星定位的基础上，将修正信号通过无线通信方式发送给定位系统，实现对原始卫星定位的修正。

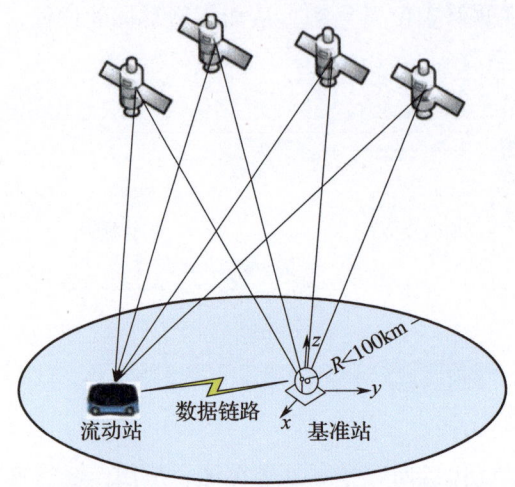

图 4-16 差分方式实现高精度卫星定位

（2）磁感应定位 如图 4-17 所示，基于磁传感器的磁感应定位方法，通过在车道上安装磁钉并记录磁钉的绝对位置，在车辆运动过程中，根据车辆经过的磁钉，可以检测车辆相对磁钉的位置，进而获取车辆的定位信息。

磁感应定位方法的优点在于通过检测预先铺置的磁性材料获取位置信息，检测结果稳定可靠，不受光照、天气或其他障碍物的影响。缺点是需要对道路进行改造，成本高，不便于大规模推广，只适用于机场、工厂、车间等场景。

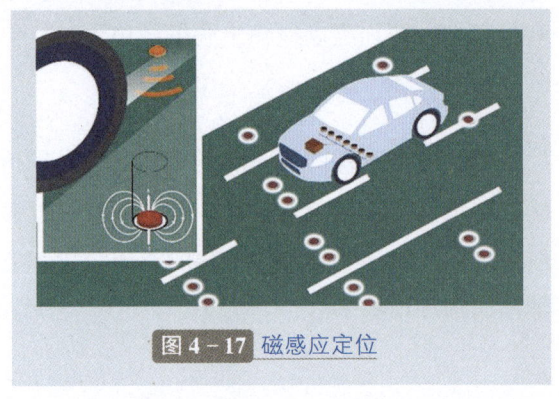

图 4-17 磁感应定位

（3）惯性导航定位 基于惯性传感器的定位方法是利用陀螺仪和加速度计测量车辆的角加速度和线加速度，并将测量数据整合起来，计算出车辆相对于初始姿态的当前姿态信息。惯性定位方法的优点是不需要接收外部信号，不受环境干扰。它的缺点是存在累积误差，时间越长，累积误差越大，因此，该方法适用于短时间内的局部定位或辅助定位。惯性定位广泛应用于与其他定位方式的组合中。

（4）基于视觉或激光的地图信息匹配和定位 摄像头或激光雷达的地图信息匹配方法也是一种绝对姿态估计方法，其核心技术为 SLAM，具体描述如 4.1.3 节所述。它是通过构建的局部高精度地图，实现在局部环境中的相对高精度定位。

4.3 智能网联汽车的导航系统

传统导航系统的作用是对汽车进行实时导航定位,根据车辆位置,选择合适的驾驶路线,辅助驾驶人前往目的地。车辆导航系统涉及卫星技术、DR 图像采集、GIS 或电子地图技术、数据库技术、显示技术、接口技术和应用软件技术等领域,是通信与信息技术、传感器技术、车辆自动定位技术和计算机技术的综合应用。

该系统包括安装在车辆上的导航定位器、惯性导航装置、无线电导航装置、卫星导航定位器、GPS/DR/GIS 集成导航定位仪,以及电子地图数据库或 GIS 信息地图。必要时,车辆可以与交通监控中心通信,并使用数据库记录车辆和路线的历史状态信息。

车辆导航系统内置卫星天线,用于接收至少三颗环绕地球的定位卫星发送的数据信息,结合存储在车辆导航系统中的电子地图,通过卫星信号确定的位置坐标与地图相匹配,确定车辆在电子地图中的准确位置,从而得到最佳的驾驶方向、前方道路以及各类兴趣点(如加油站、餐厅、酒店等)信息,为驾驶人提供道路指引,以及提供地图中的各类信息。

导航系统中的全局路径规划方法如图 4-18 所示,根据起始点和目标点,通过拓扑化的地图数据,寻找两点间所有可能的连接通路(经路),通过对交通情况、驾驶人设置等,选择最优路径,为驾驶人提供导航功能。

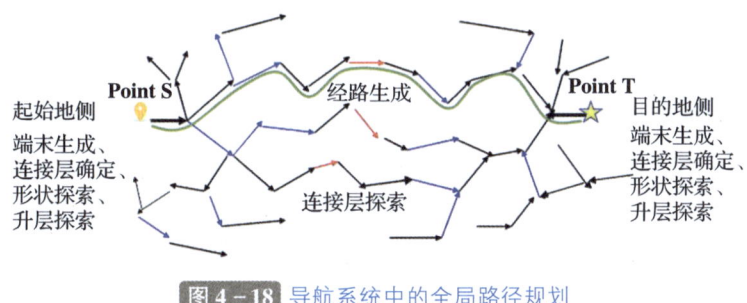

图 4-18 导航系统中的全局路径规划

智能网联汽车的导航系统在高精度地图、高精度定位的基础上,充分利用高精度地图提供的静态、准静态及动态道路信息,以及利用车载传感器获取的动态信息,通过更加智能、精确的路径规划算法,为自动驾驶的实现提供道路指引。智能网联汽车的不断发展,对导航系统也提出了更高的要求,主要有以下几个方面。

(1)定位系统 根据智能网联汽车具体的功能要求,需要提供车道级甚至厘米级的高精度定位。

(2)地图信息 需要更加丰富、精确的道路环境信息,比如道路中交通元素的形状、位置特征等,以实现辅助环境感知、车道级路径规划等功能。

(3)路径规划算法 需要规划出高精度、连续的轨迹。相比于传统导航的全局路径规划算法，需要增加车道级的路径规划、路口轨迹的连接、辅助环境感知信息的提取等，同时还要考虑驾乘人员意图、个性等因素，做出更加智能的决策。

未来的智能网联汽车导航系统，将能够充分利用日益完善和持续发展的车载传感器、智能交通设施、卫星定位系统、云技术等，对来自自车感知、无线通信等方式获取的信息进行融合和分析，充分地理解环境、驾驶人意图、车辆状态，实现更加安全、智能、舒适的全局路径规划（图4-19），并能有效协作自动驾驶系统理解和认识环境，辅助驾驶人或协同自动驾驶系统完成车辆预定的任务。

图4-19 智能网联汽车的导航系统应用示意图

思考题

本章的学习目标，你已经达成了吗？请通过思考以下问题的答案进行结果检验。

序号	问题	自检结果
1	高精度地图与普通的导航地图有哪些区别？	
2	高精度地图在智能网联汽车应用领域有哪些作用？	
3	高精度地图的采集和生成过程包括哪些内容？其标准格式有哪些？	
4	卫星定位导航系统有哪些种类？	
5	北斗定位导航系统与GPS定位系统有哪些区别？	
6	卫星定位测量原理是什么？	
7	卡尔曼滤波器的作用是什么？	
8	惯性导航系统的原理是什么？	
9	自动驾驶系统有哪些定位方法？各有什么特点？	
10	智能网联汽车对导航系统提出了哪些发展需求？	

第 5 章 智能网联汽车路径规划与决策控制

学习目标

1. 理解汽车自动驾驶功能构架及模块组成
2. 理解汽车自动驾驶环境感知的含义和实现方法
3. 理解汽车自动驾驶全局路径规划和局部路径规划的含义及区别
4. 理解汽车自动驾驶路径规划的特点
5. 理解汽车自动驾驶行为决策与车辆控制的含义
6. 熟悉汽车自动驾驶转向、驱动和制动系统中的线控策略
7. 熟悉汽车自动驾驶纵向控制和侧向控制的策略

根据智能网联汽车驾驶系统的功能要求，实现自动驾驶功能的核心算法可分为环境感知、路径规划、行为决策和执行控制等关键模块，如图 5-1 所示。

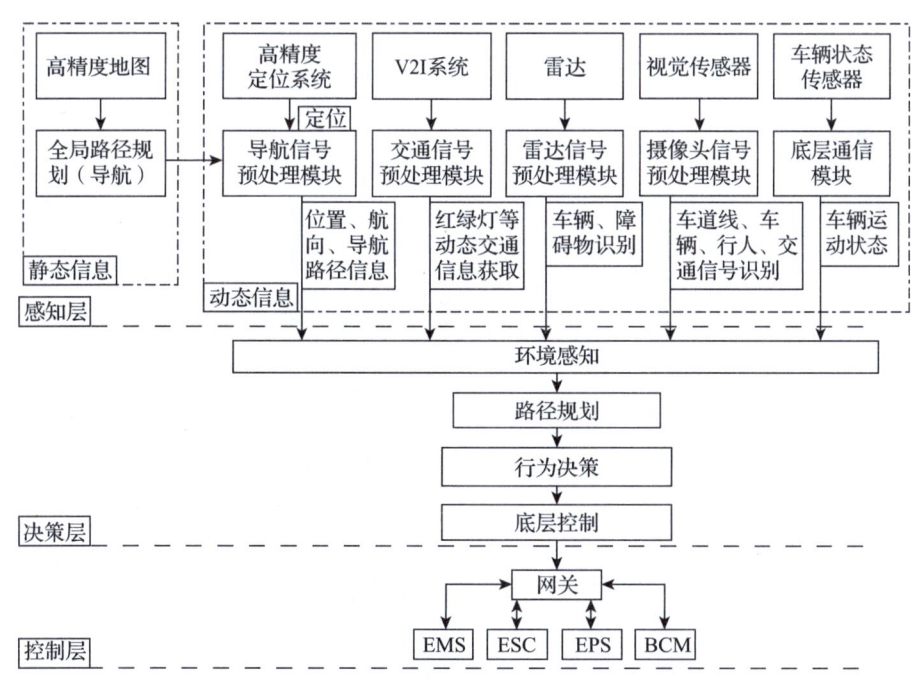

图 5-1 自动驾驶功能架构与模块划分示意图

环境感知模块通过各类传感器信息的融合，使自动驾驶系统能够充分了解和认识环境，并根据车辆行驶目标做出路径规划，使车辆沿车道或者高精度地图规划的轨迹行驶。

行为决策模块根据路径规划，对汽车将要采取的驾驶行为做出决策，确定车辆实现保持车道、换道、跟车、超车或者完成任务后泊车的操作。执行控制模块根据行为决策模块确定的行为模式，控制发动机、变速器、制动、转向以及车身电器等系统，完成具体的动作。

5.1 智能网联汽车环境感知与路径规划

5.1.1 汽车自动驾驶环境感知

1. 多传感器融合

前面章节分别介绍了智能网联汽车上各类传感器的原理、特点和应用，从中可以看到，各类传感器因其测量原理不同，在环境感知方面有着各自明显的优缺点，例如，毫米波雷达具有耐候性，可以全天候工作，但分辨率不够高，无法区分人与物；摄像头具有较高的分辨率，可以感知颜色，但受强光影响较大；激光雷达可以提供三维位置信息，具有很强的环境可重构性，但受天气影响较大。毫米波雷达可以弥补激光雷达、视觉传感器在环境适应性上的不足；视觉传感器或者激光雷达可以弥补毫米波雷达在目标分类上的不足等。传感器有各自的优点和缺点，需要相互融合，才能使智能网联汽车更加准确地理解环境，进而做出准确的决策。

环境感知是指通过摄像头、激光雷达、毫米波雷达、超声波传感器、陀螺仪、加速度计等传感器感知周围环境信息和车辆状态信息。

如图5-2所示，环境信息主要包括道路信息、周边车辆与行人信息。道路信息包括

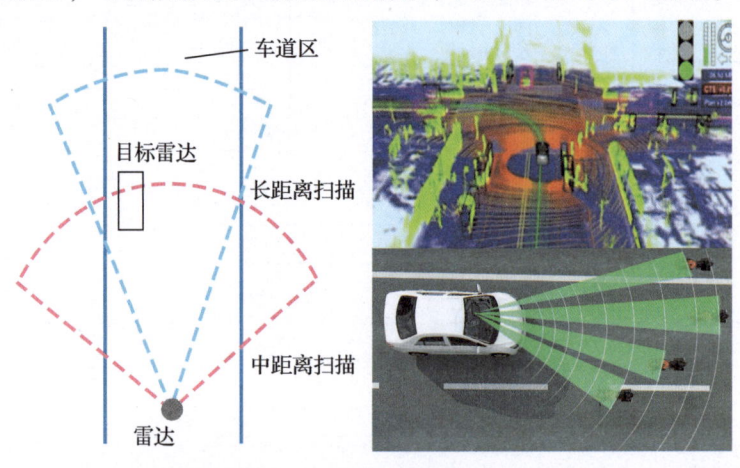

图5-2 雷达扫描与点云视图的产生

道路的宽度、坡度、交通标志灯；周边车辆信息包括车辆大小、行驶的速度、加速度、方向等；周边行人信息包括行人的数量、位置及行走方向等。

未来，为了实现满足实际应用需求的自动驾驶甚至无人驾驶系统，需要多种传感器相互配合，实现智能网联汽车对环境的准确理解。汽车自动化的程度越高，集成在车辆上的传感器的数量和类型也越多，只有这样才能够保证信息获取充分，且有冗余保障的车辆安全自动行驶。为了保证安全，必须对多传感器的信息进行融合。多传感器融合可以显著提高系统的冗余度和容错性，从而保证决策的速度和正确性，这是自动驾驶系统向智能驾驶方向发展，最终实现无人驾驶的必然趋势。

传感器融合的理论方法有贝叶斯准则、卡尔曼滤波、D-S证据理论、模糊集合理论、人工神经网络等。软件算法能够联合虚拟摄像头和环境传感器数据融合算法，从而得到更精确的数据分析与自主控制决策。图5-3以两个传感器为例，示意了多传感器融合的过程。

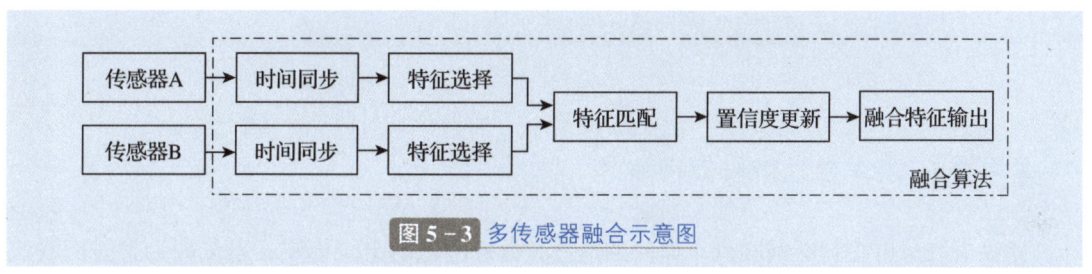

图5-3 多传感器融合示意图

从融合层次上看，多传感器融合分为原始数据级融合、特征数据级融合和目标数据级融合。单一传感器中，越靠近原始数据，干扰信号和真实信号并存的可能性越大，即越早进行融合，真实信息的保留和干扰信息的去除效果越好，但同时也对数据同步、处理算法计算量带来相应的挑战。实际应用中，应结合感知需求、芯片计算能力选择合适的融合架构和方法，构建由各类传感器信息组成的数字环境，实现智能网联汽车对环境的感知和理解。

2. 智能网联汽车环境感知数据库

对环境的完整感知和正确理解是智能网联汽车所有功能实现的基础。为了开发并测试智能网联汽车的环境理解算法，一些高校和科研机构将珍贵的环境感知数据库分享出来，用于智能网联汽车各领域的研究和产业化应用。

目前，专门用于无人驾驶的数据集中，比较著名的有KITTI和Cityscapes。无人驾驶数据集的主要作用是对汽车上安装的各种传感器采集的外部场景数据进行分析，并呈现无人驾驶车辆的实际情况。以KITTI数据集为例，该数据集是视觉图像与三维雷达数据的融合，利用KITTI数据集可以实现在车辆真实应用环境下立体图像、光流、视觉距离测量、三维目标检测、三维跟踪等计算机视觉技术的性能评测。如图5-4所示，该数据集包含从城市、郊区、乡村和高速公路等场景采集的真实图像数据，整个数据集由389对立体图像和光流图、在测评里程内的视觉测距序列和超过200k的三维标注对象图像组成。完整的数据集应包括立体数据、光流数据、视觉里程计数据、目标跟踪数据、道路解析数据等。

图 5-4 KITTI 数据集场景采集和标注的图像示例

5.1.2 汽车自动驾驶路径规划

路径规划是解决智能网联汽车如何到达行驶目标问题的上层模块，它依赖为智能网联汽车驾驶定制的高精度地图，与普通导航单纯提供指引的性质不同，智能网联汽车的路径规划模块需要提供能够引导车辆正确驶向目的地的轨迹。这些轨迹至少要达到车道级导航的水平，而且在轨迹上影响车辆行驶的周边环境也需要被准确描述和考虑，如图 5-5 所示。

图 5-5 高精度地图中的车辆可行驶轨迹示意图

目前，由于位置信息涉及国家安全问题，我国在电子地图应用中会对真实坐标实行加偏处理，高精度定位自然也受到一定程度的法规限制，因此高精度地图、高精度定位和导航仅能够提供全局车道级的路径规划。在自动驾驶的应用中，亚米级车道级导航规划通过相关信息融合已经能够满足需求，单纯依赖高精度定位解决分米级甚至厘米级定位，性能提升和成本增加并不匹配。在全局亚米级定位基础上，进一步借助车道线的检测，实现汽车局部车道内路径规划也尤为重要，自动驾驶不仅需要避障和感知道路交通信息，还需要遵守交通规则。

路径规划模块需要根据局部环境感知、可用的全局车道级路径、相关交通规则，提供能够引导车辆驶向目的地（或目的点）的路径。路径规划可分为全局路径规划方法、局部路径规划方法和混合路径规划方法三种。

全局路径规划方法可以视为一种离线规划方法，能根据获取的环境信息为车辆规划一条道路，规划路径的准确性取决于获取外部环境信息的准确性。全局路径规划方法通常会找到最优路径，但需要预先知道整个环境的准确信息和行驶目标。

局部路径规划方法是一种在线规划方法，主要考虑车辆当前的局部环境信息，使车辆在局部环境中能够安全行驶。局部路径规划依靠安装在车身上的传感器来获取局部信息，感知评判环境的实时变化，做出相应的路径规划决策。与全局路径规划方法相比，局部路径规划方法具有实时性。

路径规划问题具有以下特点：

① 复杂性：在复杂环境中，尤其是动态时变环境中，车辆的路径规划非常复杂，需要大量的计算。
② 随机性：在复杂环境的变化中，往往存在许多随机和不确定因素。
③ 多约束性：车辆行驶存在几何约束和物理约束。几何约束取决于车辆的形状，而物理约束则取决于车辆的速度和加速度。
④ 多目标：车辆运动过程中对路径性能有许多要求，如最短路径、最佳时间、最佳安全性能和最低能耗，这些指标之间往往存在冲突，需要系统权衡决策。

小结　路径规划技术是车辆自动控制技术的重要组成部分，根据环境信息的已知程度，全局路径规划是在对全局环境已知时，根据算法搜索出最优或接近最优的路径。而局部路径规划则是在对环境局部未知或完全未知时，通过传感器为自动驾驶系统提供有用的信息以确定障碍物和目标点的位置，并规划起始点到目标点的最优化路径。智能网联汽车的路径规划能力是车辆智能化水平的重要体现。

全局路径规划主要的算法有栅格法、拓扑法、可视图法等；局部路径规划常用的算法有栅格法、人工势场法、遗传算法、空间搜索法、层次法、动作行为法、Dijkstra算法、

Lee 算法、Floyd 算法等。下面介绍几种常用的路径规划算法。

(1) 全局路径规划算法

1) 栅格法。如图 5-6 所示,栅格法是利用格栅单元来表示整个工作环境,并将自动驾驶连续工作环境离散为一系列网格单元。

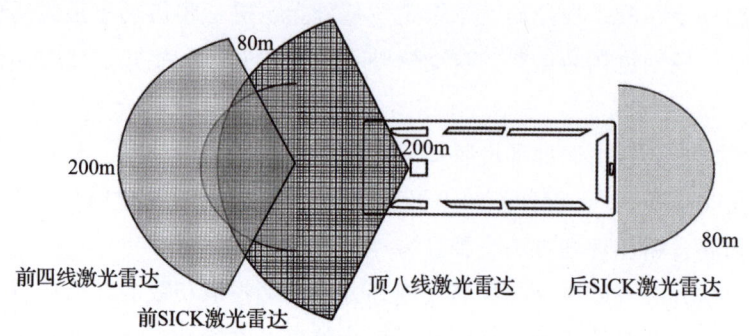

图 5-6 多激光雷达栅格地图融合系统

自动驾驶的整个工作环境分为两种网格:自由栅格和障碍栅格。自由栅格指的是某一栅格范围内不含有任何障碍物。障碍栅格指的是这个栅格范围内存在障碍物,有的时候可能整个栅格内都布满障碍物。由于计算机处理信息的形式是二进制的,可给每个栅格分配一个累积值,称为 CV 值,它表示网格中存在障碍时物可信度。CV 值越高,障碍物出现的概率越高。一般来说,CV 值为 1 表示光栅是势垒光栅,CV 值为 0 表示光栅是自由光栅。在路径搜索中,自动驾驶根据一定的搜索算法搜索自由空间,最终规划出从起点到目标点的最优路径。

2) 拓扑法。如图 5-7 所示,拓扑法是将自动驾驶工作空间分割为具有拓扑特征的子空间,建立拓扑网络,在拓扑网络上找到从起始点到目标点的拓扑路径,最后从拓扑路径中找到几何路径。

拓扑方法的优点是,无论环境多么复杂,都能找到无障碍路径;缺点是建立拓扑网络的过程比较复杂,计算量很大。

当障碍物数量增加或障碍物位置发生变化时,修改原有的拓扑网络是一个非常困难的问题,通常用于基于静态矢量地图的导航路径规划。

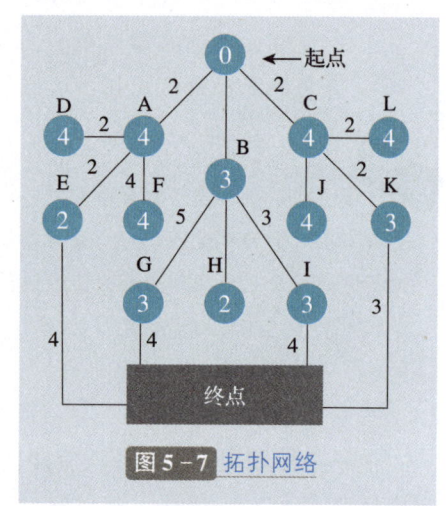

图 5-7 拓扑网络

3) 可视图法。可视图法首先将自动驾驶汽车视为一个点,然后将起点、障碍物和目标点的每个端点连接起来,并以直线连接各个端点,从而将路径规划问题转化为从起点到目标点的最短路径寻找问题。可视图法的优点是概念直观、简单,缺点是灵活性不好。如图 5-8 所示,当目标点、障碍物或起始点发生变化时,需要对视图进行重构,而且障碍物的数目越多,算法越复杂。

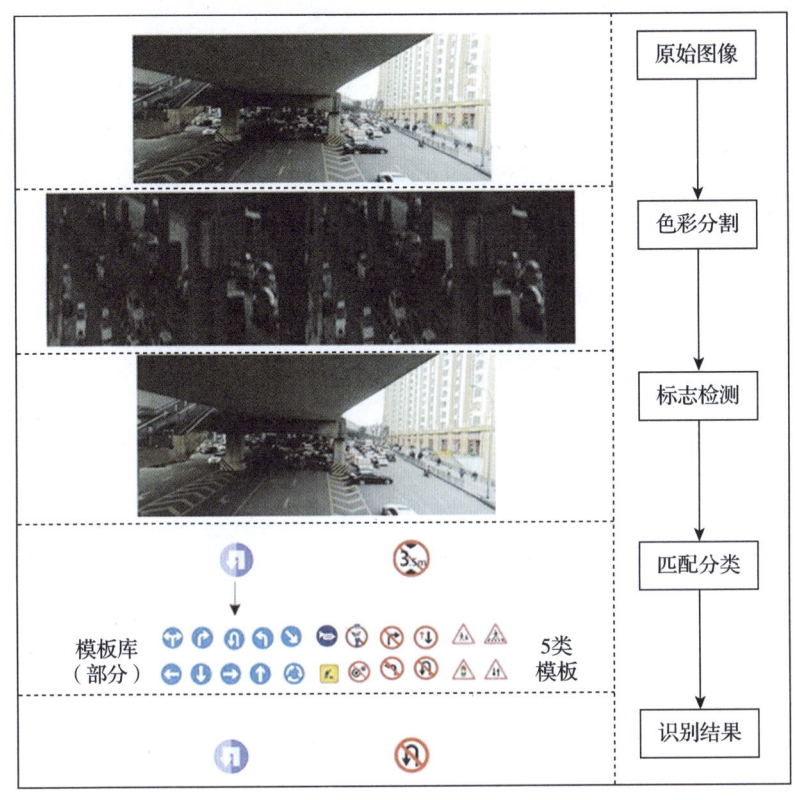

图 5-8 视图重构

(2) 局部路径规划算法

1) 遗传算法。遗传算法是自动驾驶路径规划常用的算法。该算法模拟达尔文的生物进化理论,结合进化中优胜劣汰的概念,是一种基于自然选择和遗传学原理的搜索算法。

如图 5-9 所示,遗传算法在整个进化过程中的遗传操作是随机的且不固定的,但其特点不是完全随机搜索,它可以有效地利用历史信息预测下一代的预期性能,通过一代一代的进化,最终聚集到一个最适合环境,得到了问题的最佳解决方案。遗传算法主要由编码方法、初始群生成方法、适应度函数、遗传运算和算法终止条件等组成。为了用遗传算法成功地解决优化问题,各部分的设计至关重要。

在遗传算法的路径规划中,初始种群是随机产生的。为了避免陷入局部极值点,种群数量必须达到一定的规模。然而,种群数量大会导致搜索空间大、删除冗余个体的能力差等问题,会严重影响路径规划的速度。

遗传算法有以下特点:不会产生无效的路径,但是在复杂的环境中,很难创建链接图。此外,遗传算法计算效率低,计算时间长,在遗传进化过程中需要大量的存储空间。

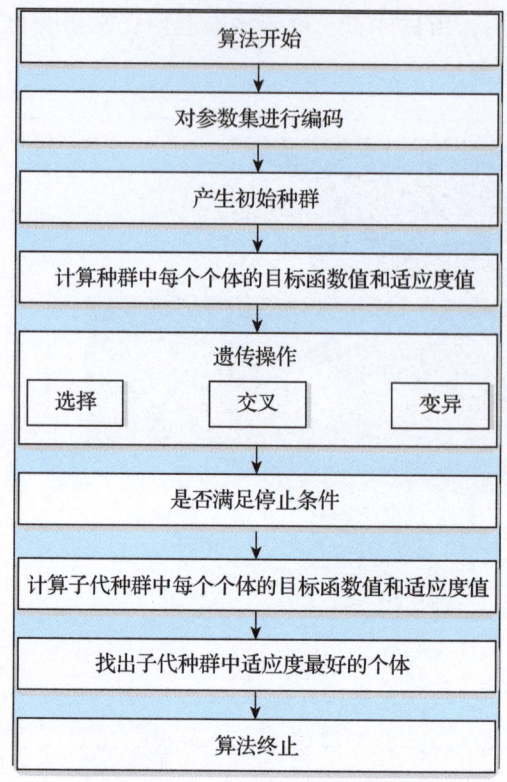

图 5-9 局部路径规划中的遗传算法

2)蚁群算法。智能网联汽车路径规划的蚁群算法可以简单地描述为：以当前网格为中心，在每只蚂蚁的起点 g-begin 放置 m 个蚂蚁，根据某个策略进行选择，然后进入下一个网格，利用本地信息更新策略更新信息素。

当第一个蚂蚁 k 到达目标节点 g-end 时，由于它首先到达并且花费的时间最少，因此在当前一轮优化中，它获得的路径是最优的，在 k 所得的路径上执行全局信息更新并保存，此路径是当前的最佳路径。

让迭代次数增加 1，然后 k 以 g-begin 为目标重复 g-end 中的过程。如果蚂蚁得到了一个新的路径，那么新的路径将与当前的最优路径进行比较。如果新路径优于当前最优路径，则当前路径将更新为新路径，并获得新的当前最优路径的全局信息更新。如果在最后一次全局信息更新之后，当前的最优路径没有更新，并且生成了新的 M 路径后依然没有更新，那么全局信息更新将在当前最优路径上执行，不断地重复比较，直到完成指定数量的迭代或满足其他设置条件为止。

蚁群算法相对于遗传算法来说具有一定的记忆力。蚁群算法有多种行为原理，如觅食原理、避障原理，并融入了遗传算法的思想。蚁群算法属于群智能优化算法，具有并行性。每一个粒子都能被主动优化，而遗传算法不能。蚁群算法是基于环境中信息素的指示，遗传算法是基于适者生存的生物进化思想。遗传算法有三种操作，分别是选择、交叉和变异,每个运算符都有自己的不同方法。通过对算子方法的修改和匹配,可以得到不同的改进遗传算法。

遗传算法具有快速的全局搜索能力,因此可以快速搜索全局最优路径,但系统中的反馈信息利用率不高,往往导致不作为的冗余迭代,求解效率低。蚁群算法通过信息素的积累和更新,收敛于最优路径。它具有分布性、并行性和全局收敛性等特点,但在初始阶段,所有路径上的信息素都是相等的,使得蚁群算法有点像贪婪算法,收敛速度慢,得到的解往往不是最优解。为了克服这两种算法各自的缺点,发挥各自的优势形成优势互补,可以将遗传算法和蚁群算法结合起来。首先,利用遗传算法的随机搜索、快速性和全局收敛性生成问题的初始信息素分布,然后充分利用蚁群算法的并行性、正反馈机制和高效性来解决问题。这样,融合算法在求解效率上优于遗传算法,在时间效率上优于蚁群算法,形成了效率和时间效率较高的启发式算法。

3)神经网络。神经网络可以通过大量实际驾驶行为数据,学习避障和路径规划中隐含的、难以人工设计并提取的特征。

智能网联汽车所面临的环境是不断变化和随机的,难以用数学公式来描述,可以通过对实际驾驶操作的采集,获取实际驾驶数据样本集,由神经网络预测学习样本中的驾驶行为特征。例如,图5-10展示了某个驾驶场景中行驶路径深度学习训练的效果,通过神经网络可以学习驾驶人的行为,并根据当前获取的环境信息决策行驶轨迹,进而可以控制车辆的转向、制动、驱动,实现轨迹跟踪。

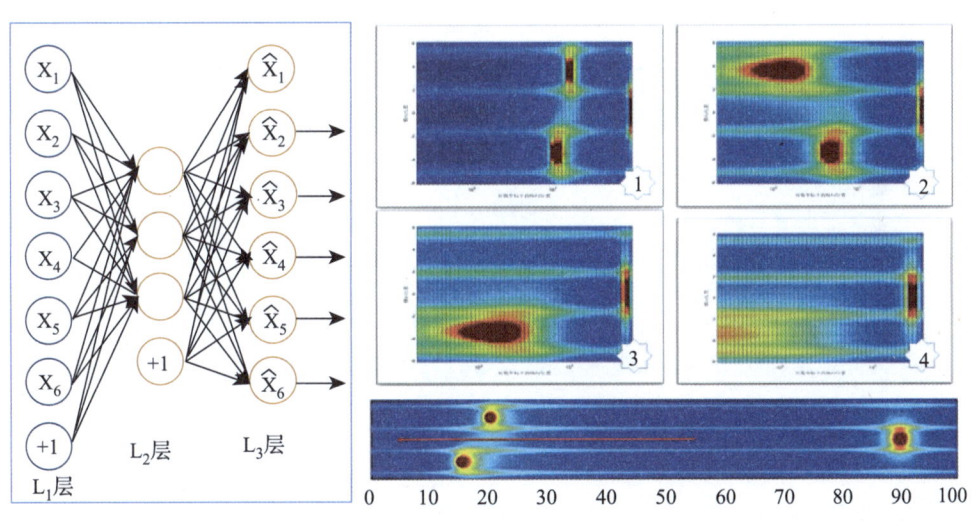

图5-10 基于安全场理论的自动驾驶车辆决策规划深度学习训练方法(图片源自智车科技)

4)人工势场法。人工势场法是Khatib提出的虚拟方法,如图5-11所示,其基本思想是将汽车在周围环境中的运动设计为在人工引力场中的抽象运动,目标点对移动车辆产生"引力",障碍物对移动车辆产生"斥力",最后通过求合力来控制自动驾驶车辆的运动。

人工势场法的路径一般是平滑、安全的，但该方法存在局部最优点问题，容易陷入局部极小点，在相似的障碍物之间找不到路径，检测到新的环境障碍物后，人工势场法规划的路径可能发生振荡，在狭窄通道中摆动。

为了克服上述问题，可以对人工势场法进行改进。在新的势函数中，考虑车辆与目标点之间的相对距离，以适应自动驾驶路径规划的要求。

通过以上全局路径规划、局部路径规划算法，可以为行为决策模块提供引导自动驾驶汽车到达目的地的轨迹曲线，解决在一定约束条件下，在一定范围内时空路径的优化问题。时空路径是指车辆在一定时间内行驶的轨迹，不仅包括位置信息，还包括整个轨迹和车辆姿态的时间信息（时间、速度、加速度、曲率等）。

局部路径规划可进一步分为轨迹规划和速度规划。轨迹规划只解决根据行为决策和综合地图信息，在二维平面上定义一定的代价函数对轨迹进行优化的问题。速度规划是选择一个或多个轨迹后，决定用什么样的速度来行驶。速度规划由车辆当前状态、行驶目标以及轨迹曲率等决定。

轨迹规划算法在很大程度上依赖地图对道路的定义，在车辆模型和道路模型下，由轨迹规划生成的轨迹是从区间到车辆姿态向量集的连续映射。在每个轨迹的末端，轨迹优化的目标是筛选出满足所有可能轨迹曲线边界条件的轨迹曲线，然后找到平滑的、代价最低的曲线，如图 5-12 所示。

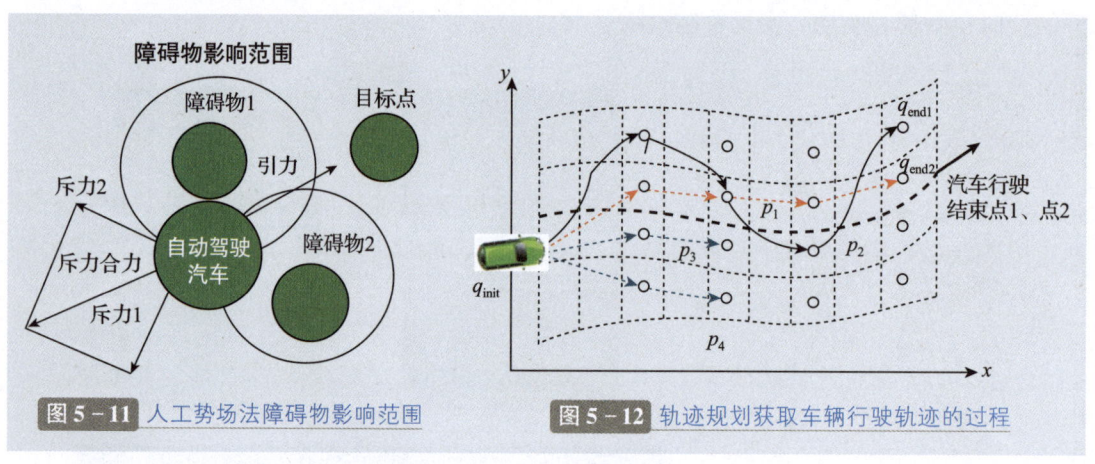

图 5-11　人工势场法障碍物影响范围　　图 5-12　轨迹规划获取车辆行驶轨迹的过程

5.2　智能网联汽车行为决策与车辆控制

5.2.1　汽车自动驾驶行为决策

决策控制系统的任务是根据感知到的交通环境，结合汽车的路由意图和当前位置，对车辆进行最合理的行为决策和动作控制。

根据前文描述的环境感知和路径规划，智能网联汽车控制系统已经获取了数字化的环境模型，包含车辆行驶的全局轨迹、轨迹上对车辆运动有影响的障碍物的动态信息，行为决策模块应用上述信息，对车辆在当前环境中局部路径的规划、驾驶模式的选择进行决策。智能网联汽车的行为决策基于环境感知和导航子系统的信息输出，这包括选择哪条车道，是否换车道，是否跟车，是否绕道，是否停车等。车辆控制是指控制转向、行驶和制动，执行路径规划模块发出的要求速度和要求转向角，也包括转向灯、喇叭、车门窗、仪表等车身电器的控制信号。

行为决策层汇集了所有重要的车辆周围信息，不仅包括汽车本身的当前位置、速度、方向和所在车道，还包括一定距离内与感知相关的所有重要障碍物信息和预测轨迹，在所获得信息的基础上来确定车辆的驾驶策略，主要包括预测模块、行为规划和动作规划等。

1. 预测模块

预测模块的功能是预测和跟踪环境中交通参与者的行为。传感器模块输出的目标信息包括位置、速度、方向等物理特性和目标分类（如车辆、行人、自行车）。这些感知计算的输出对象属性偏向于客观物理属性。利用这些输出的特性，结合客观物理规律，可以在很短的时间内对目标进行瞬时预测。预测模块需要将对象与周围环境结合起来，积累历史数据知识，对感知对象进行跟踪。

在图 5-13 中，预测模块可以基于当前时刻 t 及过往时间内目标的运动状态，预测未来时间（$t+1$、$t+2$、$t+3$、$t+4$…）内不同目标可能的运动轨迹。预测过程中，首先根据检测到的环境目标信息，区分目标类型，获取目标当前运动状态，然后根据不同类型的目标匹配不同的运动模型，结合目标当前运动状态对目标未来轨迹做出预测。

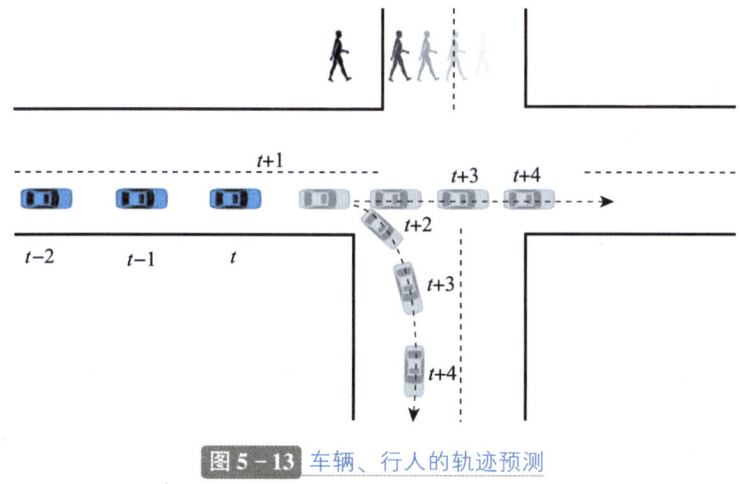

图 5-13 车辆、行人的轨迹预测

2. 行为规划

行为规划是根据路径规划目标，结合环境感知模块对驾驶环境的描述，以及预测模块对驾驶环境变化趋势的预测,对车辆需要采取的行为做出规划。

一种实现行为规划的方法是使用具有大量动作短语的有限状态机。这种方法需要将驾驶行为抽象出来,表述为可以描述各种驾驶过程中有限的驾驶行为,将这些驾驶行为作为驾驶状态,设计有限状态机。有限状态机从行为状态开始,根据不同的驾驶场景跳转到不同的行为状态,并将行为中涉及的车辆动作发送给动作规划层。

如图5-14所示,每个状态都是对车辆运动的决定,状态和状态之间存在一定的跳转条件,有些状态可以是自循环的,例如跟踪状态和等待状态。虽然有限状态机是目前智能网联汽车采用的主流行为决策方法,但要实现复杂的行为决策,需要人工设计大量的状态。

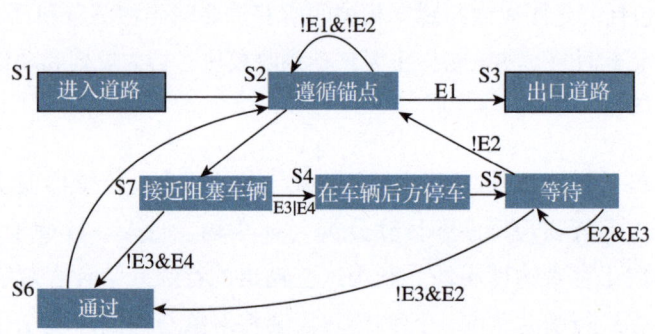

图5-14 复杂有限状态机行为规划方法

3. 动作规划

动作规划的功能是根据路径规划给出的轨迹、行为规划确定的驾驶模式,按照特定的动作去跟随轨迹。这些具体的动作规划发送给执行机构实现车辆的运动控制。

5.2.2 汽车自动驾驶的执行控制

车辆动力学是自动驾驶车辆控制的基础。简易的线性二自由度车辆动力学模型如图5-15所示,又称为自行车模型,描述了车辆纵向、侧向、横摆等基本的运动状态,体现了车辆运动过程中典型的轮胎侧偏特性,可以对绝大多数应用场景下车辆运动状态进行比较准确的描述。

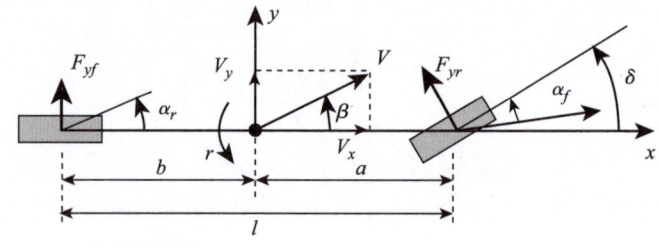

图5-15 线性二自由度车辆动力学模型示意图

线性二自由度车辆动力学模型在车辆操纵稳定性分析中占据重要的地位，在车辆结构、车辆控制系统等动静态研究中有着重要的作用，对车辆轮胎、悬架、转向、制动等结构，以及操纵稳定性相关控制系统的研究和设计起着关键的指导作用。线性二自由度车辆动力学模型考虑沿 y 轴的侧向运动和绕 z 轴的横摆运动，并假设纵向车速恒定、侧偏刚度为常数等。

线性二自由度车辆动力学模型是一种参数化模型，其描述和实现方式为状态方程、传递函数，被广泛应用于车辆稳定性控制、运动状态估计等领域。在此基础上，可以延伸出包含纵向运动、侧向运动、横摆、四个车轮转动的七自由度模型，以及更多自由度的参数化模型。这些模型为车辆主动控制的各类算法，如模型预测控制（MPC）、轨迹跟随控制等车辆纵向、侧向控制算法提供了理论基础。

自动驾驶要想实现对车辆的运动和车身电器的自动控制，需要相应的线控系统，其中车身电器系统用于实现对车辆灯光、车门以及人机交互界面等内外部交互的控制，底盘线控系统用于实现对车辆运动的控制。底盘线控系统包括转向、制动、驱动控制，其中制动部分包括行车制动、驻车制动与辅助制动，驱动系统包括发动机/电机/混合动力控制、传动系统控制等。下面分别以转向、驱动、制动系统介绍底盘线控系统的各组成部分。

1. 转向系统

线控转向系统通过在转向盘到车轮间增加主动控制电动机，实现对转向系统的主动控制。在传统的电助力转向车辆中，可以通过对助力电动机的主动控制实现主动转向，但是也需要在驾驶人干预时让主动控制系统及时退出，满足人工控制优先的控制需求。线控转向系统具有助力转向功能，正常驾驶时驾驶人能够更轻便地转动转向盘，具有随车速改变助力、主动回正控制等转向特性。该系统可以通过转向角度或者转向力矩实现主动控制，如果整车具备车辆状态及环境信息的数据采集和处理功能，系统进而能够实现侧风稳定补偿、车道保持等辅助驾驶功能，并能够实现自动泊车、自动驾驶等驾驶功能。

根据电动机在转向系统中的安装位置，转向助力系统可以分为转向柱助力型（Column EPS，C-EPS）、小齿轮助力型（Pinion EPS，P-EPS）和齿条助力型（Rack EPS，R-EPS）。其中，C-EPS 助力力矩值有所限制，多用于小型汽车；而 P-EPS 和 R-EPS 成本相对较高，多用于中高级车辆。以 R-EPS 为例，其结构原理如图 5-16 所示。

在重型货车、大型客车等领域，由于需要的转向力矩很大，通常会采取电控液压助力的方式实现主动线控转向。在这种结构中使用较小的电动机，可以实现较小的转向控制力矩，由传统的液压助力系统辅助电动机满足大转向力矩主动控制的需求。

2. 驱动系统

驱动系统是较早实现主动线控控制的系统。比如电子节气门就是一种典型的线控驱动控制方式，发动机控制系统采集加速踏板角度，然后根据加速踏板角度与节气门开度之间的关系控制节气门，实现非机械结构连接的驱动控制。

随着电驱动系统的发展，混合动力、插电式混合动力、纯电动汽车得到了广泛应用，也进一步为线控驱动系统的发展提供了便利的条件。一种油电混合动力汽车动力与控制系统结构如图 5-17 所示，控制单元根据动力性、经济性需求，切换动力输出、充放电等，实现对驱动系统的主动控制。

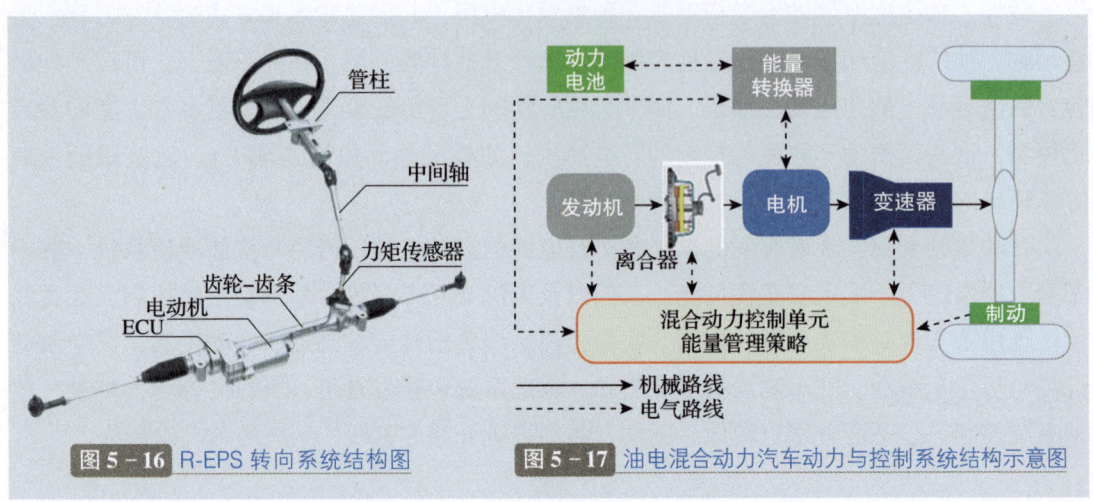

图 5-16 R-EPS 转向系统结构图　　图 5-17 油电混合动力汽车动力与控制系统结构示意图

各类线控驱动控制系统的核心是整车控制器，整车控制器的结构如图 5-18 所示。整车控制器通过加速踏板、档位以及汽车运动状态，判断驾驶人或者自动驾驶系统的操纵或者控制意图，然后通过对自动变速器、发动机（或电机，或发动机与电机的组合）的动力控制，实现主动驱动控制。

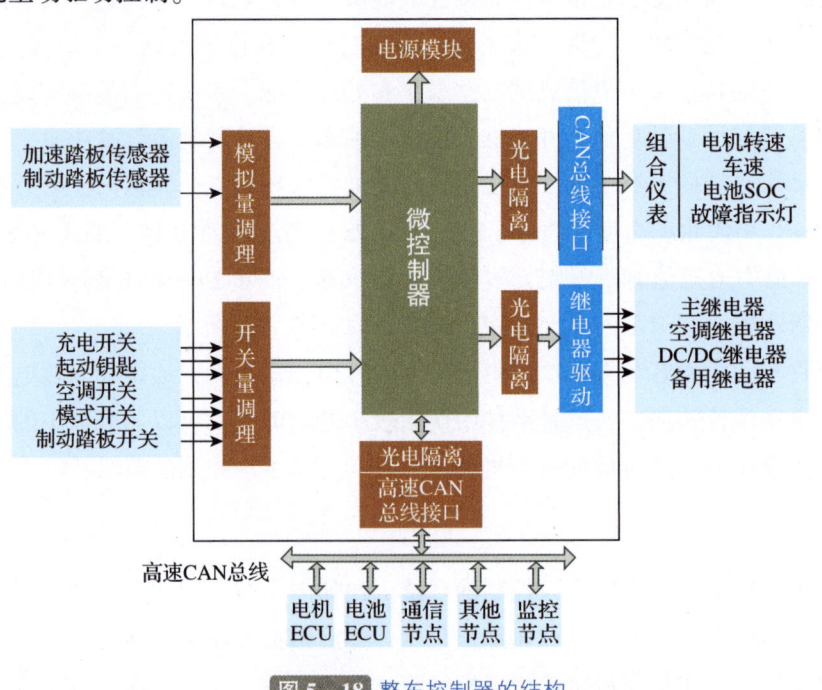

图 5-18 整车控制器的结构

3. 制动系统

线控制动系统可以主动产生制动压力，并分配至各车轮制动轮缸，使车辆产生稳定平衡的制动力。典型的线控制动系统核心是液压调节器，其原理如图 5-19 所示，液压调节器通过电动机推动柱塞泵在其内部主缸油道产生一个稳定的压力源（由溢流阀控制最大压力值，目前一些压力调节器可在内部形成 25MPa 的主动制动压力源），并由轮缸的液压阀组合控制，实现各轮缸增压、保压和减压控制，进而实现对各轮缸的主动制动控制。

随着自动驾驶技术的不断进步，对于线控制动的功能和性能要求越来越高，传统的液压调节器很难满足长时间、持续产生主动制动压力的要求，也很难满足线控制动系统备份冗余和使用寿命的要求，因此一些专门用于自动驾驶系统的新型液压调节器，以及 iBooster 等取代了传统真空助力与液压调节器的线控制动系统被设计出来，用于满足未来自动驾驶领域的需求。

在底盘线控系统的基础上，智能网联汽车还需要车身电器控制系统，实现自车与其他车辆、环境中交通参与者、交通系统以及车内人员的交互。

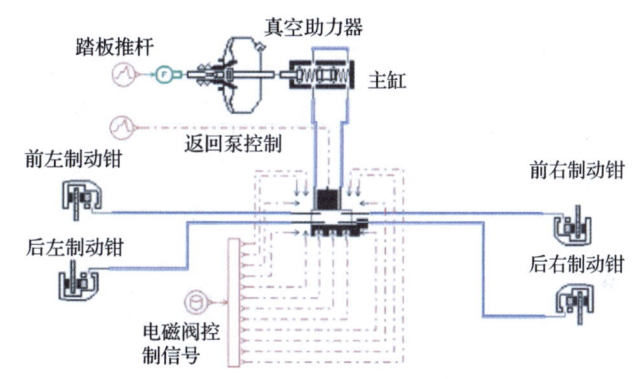

图 5-19 AMESim 仿真环境下的线控制动系统液压调节器结构图

智能网联汽车通过各类具体控制算法的设计实现纵侧向控制，并由底盘线控与车身电器控制等系统实现各类控制指令的执行。执行控制是智能驾驶系统的动作执行环节，前面所描述的环境感知、路径规划、行为决策，都需要执行控制的具体实现，才能达到车辆自动驾驶、完成各项智能化任务的目标。

智能网联汽车执行控制相关算法的实现，基于环境感知技术，根据决策规划出目标轨迹，通过侧向控制与纵向控制系统的配合，使车辆在行驶过程中能够准确、稳定地跟踪目标轨迹，可以实现如速度调整、距离保持、换道和超车等基本操作。

汽车底盘线控系统为自动驾驶提供了有效的执行机构，可以有效地实现纵侧向控制。在具体的自动驾驶控制算法设计中，主要有 PID 控制、模型预测控制、模糊控制、最优控制等。其中，最典型且应用最广泛的是 PID（Proportional-Integral-Derivative Controller）控制。

执行控制算法可以分为车辆的纵向控制和侧向控制，纵向控制是通过车辆的驱动和制动系统等控制车速，侧向控制是通过转向系统等控制车辆的侧向运动。纵侧向控制的整体效果是车辆沿规划的轨迹，在特定行为模式下，以安全舒适的方式行驶，并最终抵达目的地。

4. 车辆纵向控制

车辆纵向控制主要是对车辆前进方向上行驶速度的控制，可以理解为将行驶轨迹考虑

智能网联汽车技术概论

为直线，车辆在各轨迹点的速度规划和运动控制。纵向控制需要综合规划出的行驶轨迹曲率、交通规则给出的车速限定、人工设定的车速值、环境中相关目标的信息（与自车的距离、相对速度、相对位置等）等信息，通过控制发动机/电机驱动系统、传动系统和制动系统实现车辆的纵向运动控制。

纵向控制不仅要考虑对规划轨迹的跟随，还要考虑驾驶的安全性、舒适性、节能性等综合性能指标。完整的纵向控制还涉及对各动作执行机构的控制、人机交互界面的设计等，同时还需要考虑纵侧向运动间的耦合，根据路面附着条件、车辆的操纵稳定性限值等做出全局最优控制。

纵向控制实现的典型结构如图 5-20 所示，通过各类传感器获取驾驶人意图、环境信息，结合车辆的目标跟随特征，调整车速、与前方目标的距离等控制参数，由驱动、传动、制动系统控制车辆，保证安全、舒适、节能等性能，完成预定的纵向控制相关的驾驶任务。

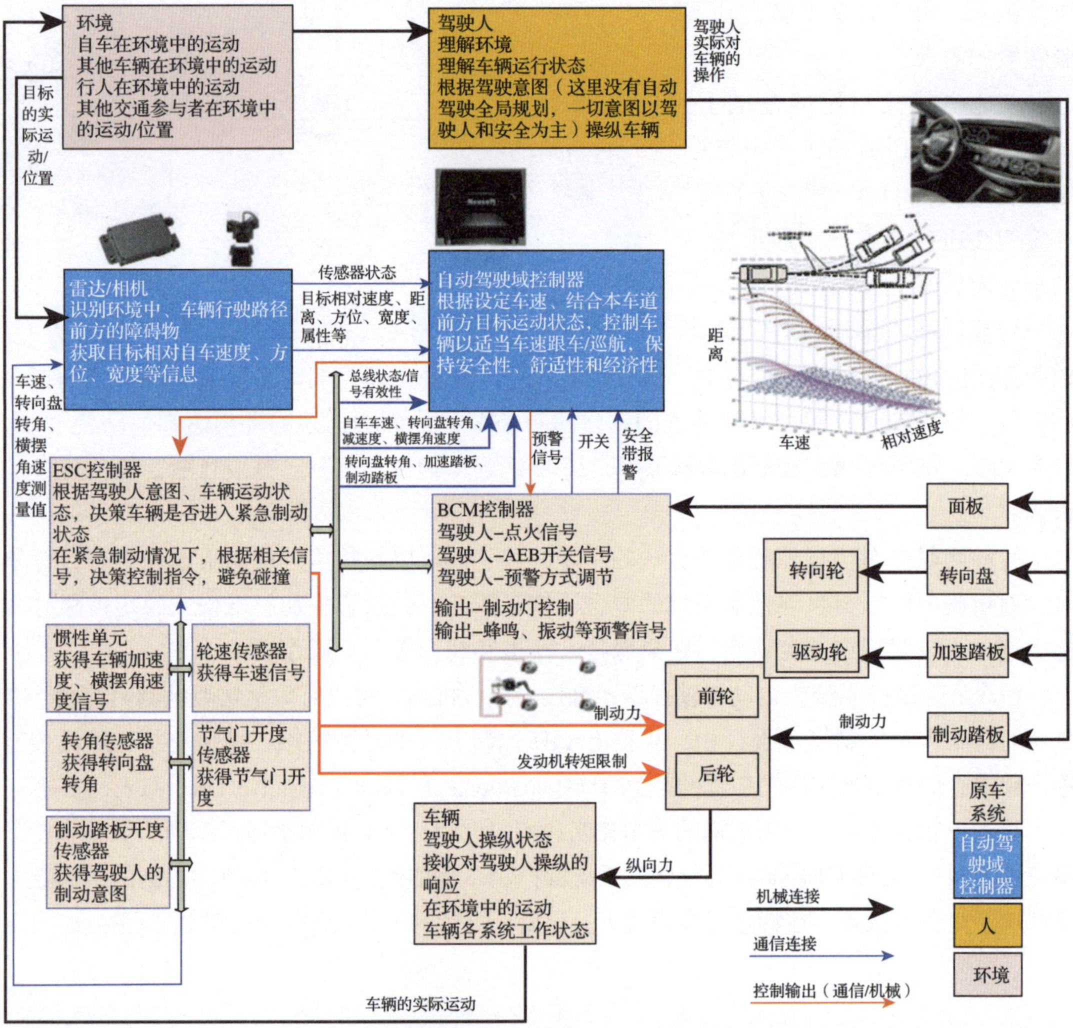

图 5-20 典型的纵向控制结构

5. 车辆侧向控制

车辆侧向控制用于控制车辆保持在规划的行驶轨迹上，直到完成驾驶任务。侧向控制系统通过跟踪和预测当前车辆行驶轨迹，并实时与目标轨迹进行对比，根据轨迹间航向、曲率和距离的偏差，实时调整车辆侧向运动，以保证车辆始终跟随目标轨迹。侧向控制的算法设计也受安全、舒适、节能等指标的约束。

由于智能网联汽车信息的丰富性，侧向控制需要的规划轨迹可以来源于多方面，比如由高精度地图规划的全局轨迹、根据当前环境状态规划的局部路径、车道保持系统中提供的车道识别信息。在侧向控制中需要根据安全、舒适、节能等指标融合各类感知信息，决策最优控制指令。

侧向控制实现的典型结构如图 5-21 所示，通过各类传感器获取驾驶人意图、环境信

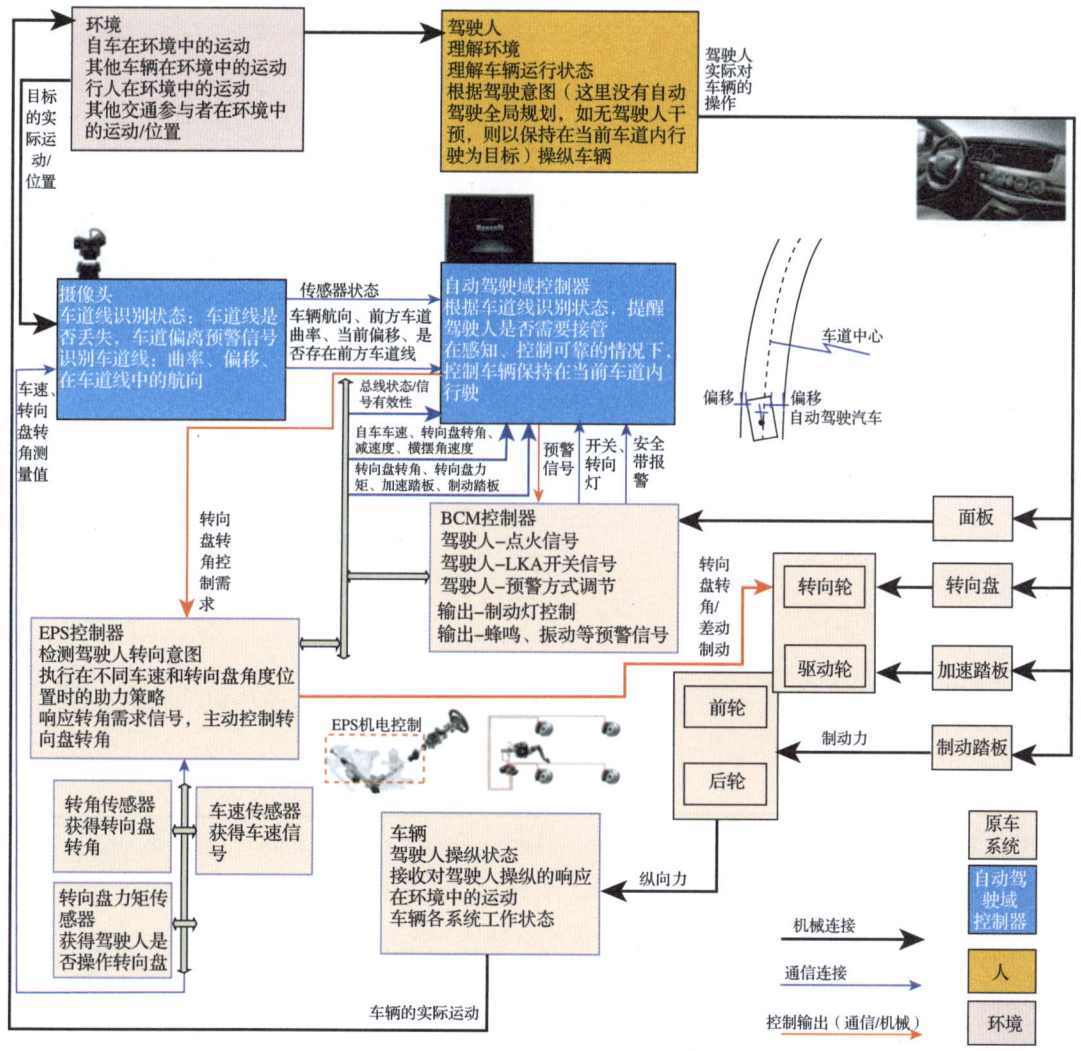

图 5-21 典型的侧向控制结构

息，结合车辆的侧向控制特征，调整车速、转向盘转角（转速），由驱动、传动、制动、转向系统控制车辆，实现轨迹保持、车道保持、换道、侧向避障等驾驶任务，保证安全、舒适、节能等性能，完成预定的侧向控制相关的驾驶任务。

思考题

本章的学习目标，你已经达成了吗？请通过思考以下问题的答案进行结果检验。

序 号	问 题	自检结果
1	实现自动驾驶功能的模块有哪些？各模块的作用分别是什么？	
2	汽车自动驾驶环境感知的含义是什么？	
3	汽车自动驾驶路径规划和局部规划的含义及区别是什么？	
4	汽车自动驾驶路径规划有哪些特点？	
5	汽车自动驾驶行为决策和车辆控制的含义分别是什么？	
6	汽车自动驾驶底盘线控系统由哪几个部分构成？	
7	汽车自动驾驶车辆纵向控制和侧向控制的含义分别是什么？	

第6章　汽车总线及车载网络技术

学习目标

1. 能够理解CAN总线的原理，熟悉CAN总线在汽车中的应用
2. 能够理解LIN总线的原理，熟悉LIN总线在汽车中的应用
3. 能够理解FlexRay总线的原理，熟悉FlexRay总线在汽车中的应用
4. 能够理解MOST总线的原理，熟悉MOST总线在汽车中的应用
5. 能够理解车载以太网的主要技术，熟悉车载以太网的应用

随着汽车内电控系统的增多，各电控系统之间需要进行信息的传递，传统的"点对点"通信方式会带来布线复杂、占用空间、成本提高、可靠性和可维修性降低等诸多问题。为此，产生了汽车网络技术。本章首先介绍目前汽车上常用的 CAN 总线、LIN 总线、MOST 总线和 FlexRay 总线，然后介绍新型的车载以太网总线。

6.1 汽车总线

6.1.1 汽车总线技术的产生

汽车总线的分类及其在智能网联汽车上的应用

随着现代汽车电子控制技术的发展及现代人对汽车的动力性、经济性、舒适性、安全性和环保等方面的要求越来越高，汽车电控系统数量不断增加，从发动机、变速器、制动系统、转向系统等动力控制系统到舒适安全、仪表报警、电源管理等车身控制系统，均采用了电子控制系统。各汽车电控系统除了各自的传感器、执行元件外，还需要相互通信。为了实现各电控系统之间的相互通信，最初采用了传统的布线方式，如图6-1所示，即需要相互联系的两个系统之间，都要通过专属的布线实现"点对点"通信。

不难看出，随着电控系统的增多，传统的布线方式会带来布线复杂、占用空间、成本提高、可靠性和可维修性降低等诸多问题。为此，汽车总线技术应运而生。汽车电控系统

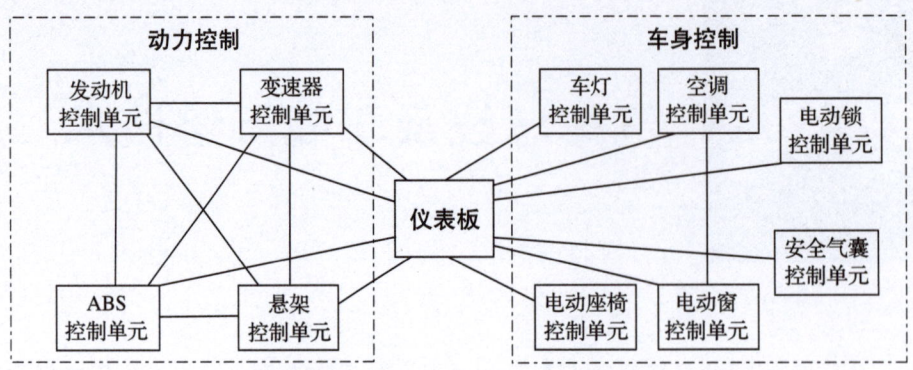

图 6-1 汽车电控系统的传统布线方式

的总线连接方式如图 6-2 所示,类似于将若干个电控系统加入 QQ 群,而各个电控系统分别作为 QQ 群的一个成员。很明显,采用汽车总线技术之后,汽车电控系统之间的通信线束大大减少,从而节省了空间,降低了成本,实现了资源共享,提高了系统工作的可靠性和可维修性。

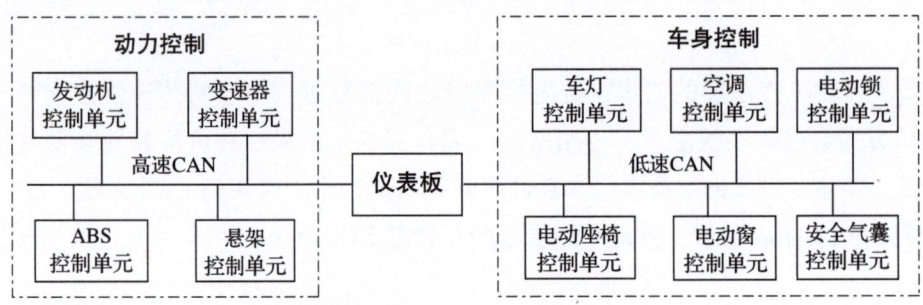

图 6-2 汽车电控系统的总线连接方式

6.1.2 CAN 总线

CAN 是 Controller Area Network 的缩写,即控制器局域网,是由德国博世公司开发的具有国际标准的现场总线,也是汽车上应用最多、最为普遍的一种总线技术。

1. CAN 总线系统的总体构成

CAN 总线系统的总体构成如图 6-3 所示,主要由若干个节点(电控单元)、两条数据传输线(CAN-H 和 CAN-L)及终端电阻组成。

CAN 数据传输线是双向串行总线,大都采用具有较强抗干扰能力的双绞线,分为 CAN-H 线和 CAN-L 线,两线缠绕绞合在一起,其绞距为 20mm,总横截面积为 0.35mm^2 或 0.5mm^2,如图 6-4 所示。

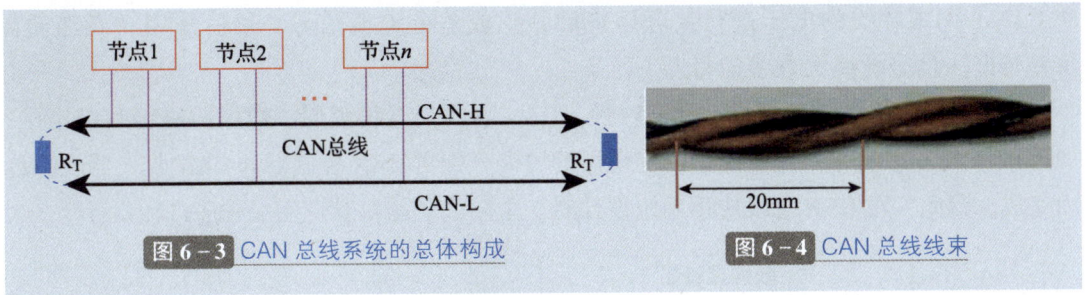

图6-3 CAN总线系统的总体构成　　图6-4 CAN总线线束

终端电阻的作用是防止信号在传输线终端产生反射波，避免正常传输的数据受到干扰。

2. CAN总线的硬件结构和网络通信原理

图6-5给出了CAN节点的硬件结构，CAN节点主要由微控制器、CAN控制器、CAN收发器组成，目前汽车上多采用内部集成CAN控制器的微控制器。节点1向节点n传输数据的流程如下：

节点1的微控制器1对传感器1进行数据采集，然后将传感器1对应的数字信号附加一个数据标识（ID）号发送给CAN控制器1，CAN控制器1对数据进行打包，然后将数据包发送给CAN收发器1，CAN收发器1再将其数字信号转换为对应的CAN总线电压信号，从而完成数据发送过程。当节点n从CAN总线上接收到电压信号后，首先由CAN收发器n将总线电压信号转换为对应的数字信号，然后将数字信号发送给CAN控制器n。CAN控制器n首先对其收到的数据进行"验收滤波"，判断收到的信号是否是自身节点需要的数据，若是，则接收此数据并对其进行解包，为节点n的微控制器n提供有效数据（节点1的传感器信号），微控制器n可根据节点1的传感器信号控制执行器n动作；否则，节点n放弃此次收到的CAN数据。

CAN节点中的CAN控制器具有"数据打包/解包"和"验收滤波"的作用，而CAN收发器具有"边说边听"（同时发送和接收）和"信号转换"（数字信号与总线电压信号的转换）的作用。图6-6给出了CAN收发器实现信号转换的过程，CAN收发器对CAN-H

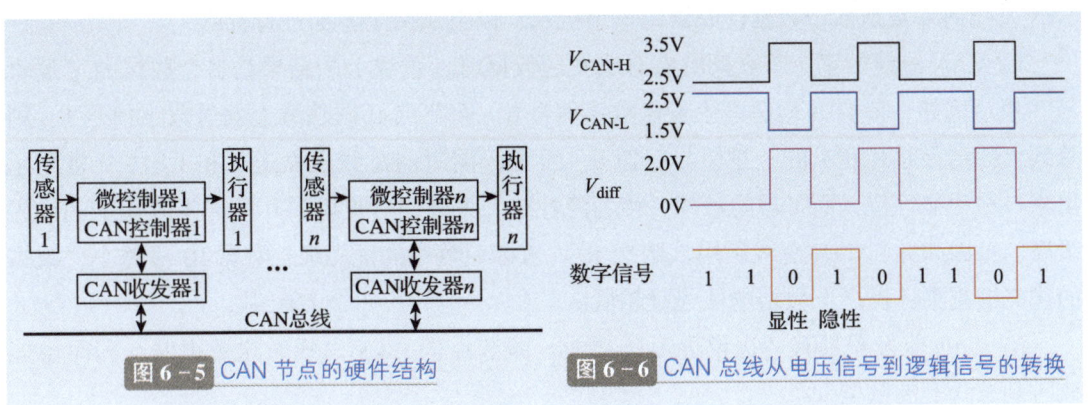

图6-5 CAN节点的硬件结构　　图6-6 CAN总线从电压信号到逻辑信号的转换

和 CAN-L 两根导线的电压进行差分运算后，生成差分电压信号，然后采用"负逻辑"将差分电压信号转换为数字信号。

为了提高网络通信的可靠性和实时性，CAN 总线只有物理层、数据链路层和应用层，如图 6-7 所示。其中数据链路层和物理层的协议分别由 CAN 控制器和 CAN 收发器硬件自动完成。因此，在 CAN 总线应用系统设计时，主要任务是对其应用层程序进行设计。

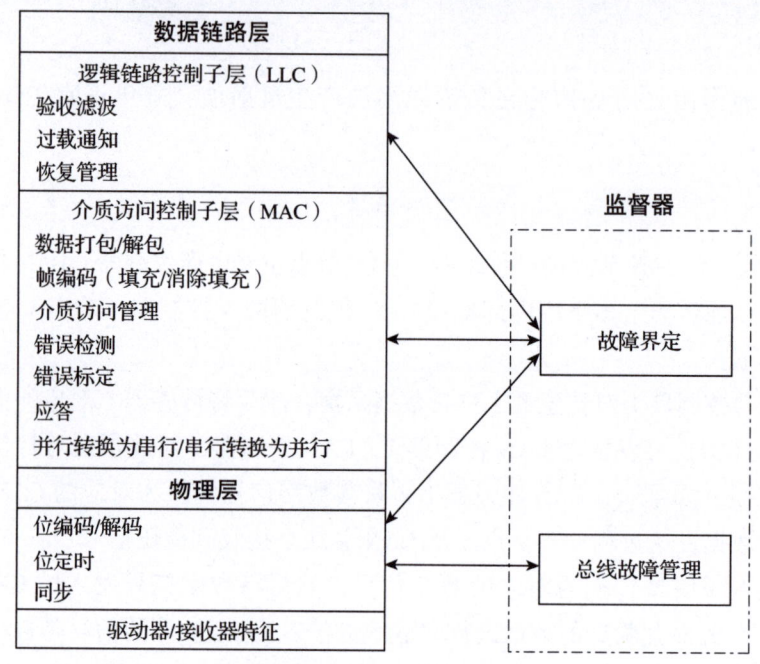

图 6-7 CAN 总线分层结构

下面分析 CAN 总线通信的仲裁机制和验收滤波原理。

（1）CAN 总线的仲裁机制分析　如果 CAN 总线上的多个节点同时向总线发送数据，那么多个数据就会在总线上出现"撞车"现象，这就像生活中很多人在一起讨论问题，如果几个人同时讲话，就会乱套。因此此时需要进行仲裁，决定哪个人先讲，哪个人后讲。CAN 总线的仲裁是基于数据优先级的竞争机制，以下从两个方面进行说明。

1）CAN 总线的多个节点同时向总线发送数据时，总线上的结果是多个数据的"逻辑与"值。例如，节点 A 向总线上发送数字信号 0，而节点 B 向总线上发送数字信号 1，则总线上的结果是 0 和 1 的"逻辑与"值 0。可见，同时向总线上发送 0 和 1 时，0 被显示出来，称为显性位，而 1 被隐蔽掉，称为隐性位。另外，这也说明 0 的优先级比 1 的优先级高，正因如此，CAN 总线利用"数据 ID"来标识数据的优先级：数据 ID 号越小，数据的优先级越高；反之，数据的优先级越低。

2）CAN 收发器具有"边说边听"功能，即节点向 CAN 总线发送数据时，同时也能监听到总线上的数据。

CAN 总线采用的就是"边说边听"的非破坏性仲裁机制：每个节点在发送数据时，首先发送数据 ID 号，在发送数据 ID 号的过程中，逐位"边说边听"。当节点向总线上发送的数据和从总线上监听到的数据一致时，节点可以继续向总线发送数据；否则，节点停止向总线发送数据，而自动转变为"听众"。例如，某个节点向总线发送的是数字信号 1，而从总线上监听到的是数字信号 0，说明总线上有其他节点在发送更高优先级的数据，该节点即停止发送；待高优先级的数据发送完成后，低优先级的数据自动重发。

现以图 6-8 所示的汽车动力 CAN 总线上三个电控单元节点同时向 CAN 总线发送数据为例，进一步说明 CAN 总线的仲裁机制。三个节点首先向总线发送各自的数据 ID 号，以便进行优先级竞争。

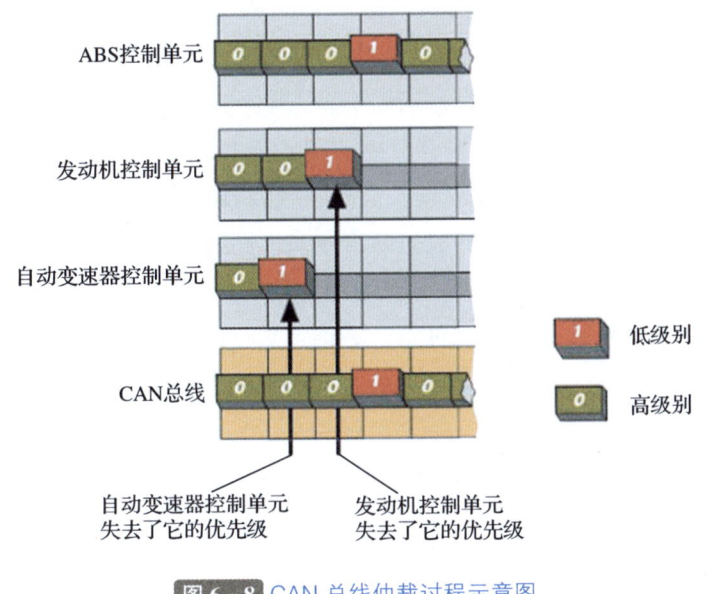

图 6-8　CAN 总线仲裁过程示意图

开始时刻，三个节点同时向总线发送数字信号 0，总线上是这三个数字信号 0 的"逻辑与"值 0，因此三个节点向总线上说的话和从总线上听到的话一致，它们都可以继续向总线发送数据。

下一时刻，ABS、发动机两个节点都向总线发送数字信号 0，而自动变速器节点向总线发送数字信号 1。此时，总线上是这三个数字信号的"逻辑与"值 0，因此 ABS、发动机两个节点向总线上说的话和从总线上听到的话一致，它们都可以继续向总线发送数据，而自动变速器节点向总线上说的话和从总线上听到的话不一致，即停止向总线发送数据，转为听众。

下一时刻，ABS 节点向总线发送数字信号 0，而发动机节点向总线发送数字信号 1，此时总线上是这两个数字信号的"逻辑与"值 0，因此 ABS 节点向总线上说的话和从总线上听到的话一致，可以继续向总线发送数据，而发动机节点向总线上说的话和从总线上听到的话不一致,即停止向总线发送数据,转为听众。

下一时刻,ABS 节点向总线发送数字信号 1。此时,由于 ABS 节点独占总线而使总线上的信号也是 1,因此 ABS 节点向总线上说的话和从总线上听到的话一致,可以继续向总线发送数据。

至此,三个节点通过数据 ID 号进行优先级竞争的结果,是 ABS 节点首先获得总线使用权,将其数据发送至 CAN 总线;待 ABS 节点将其数据发送完毕后,系统会自动使发动机节点、自动变速器节点继续通过发送数据 ID 号,竞争总线的使用权。

可见,在 CAN 总线仲裁过程中,不会出现不同优先级数据之间的相互破坏,这就是所谓的"非破坏性仲裁"。

(2) CAN 总线的验收滤波原理分析 每个节点的 CAN 控制器中都有两个寄存器,分别是验收代码寄存器和验收屏蔽寄存器。当某节点的验收屏蔽寄存器设置为"有关"时,则该节点只能接收数据 ID 号与自身验收代码寄存器内容完全相同的数据。当某节点的验收屏蔽寄存器设置为"无关"时,则该节点"来者不拒",可接收数据 ID 号为任意值的数据,这就是所谓的 CAN 验收滤波原理。借助验收滤波功能,可以灵活实现 CAN 总线的"点对点""一点对多点(广播)"的数据通信方式。例如,在图 6-9 所示的帕萨特 B5 车门 ECU 的网络结构图中,左前(汽车驾驶人侧)的中央玻璃升降开关,可以分别控制四个车门的玻璃升降电动机,属于"点对点"通信方式;而中控门锁开关,可以同时控制四个车门的闭锁器,属于"一点对多点(广播)"通信方式。

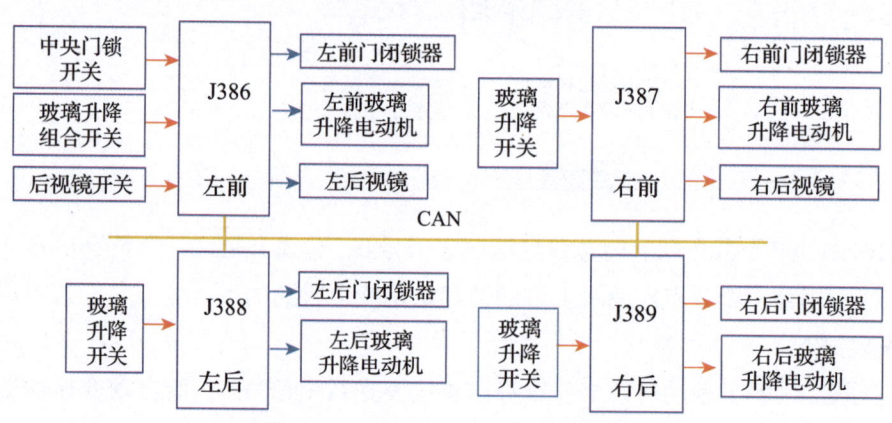

图 6-9 帕萨特 B5 车门 ECU 的网络结构

3. CAN 总线的优点和特点

(1) CAN 总线具有高可靠性、安全性和实时性

1) CAN 总线采用双绞线和差分电压方式,使其"既能防人,也不害人",即 CAN 总线对外抗干扰,同时又不对外产生干扰。

汽车中的干扰源主要是产生电火花或运行中电路开闭的部件，其他干扰源还包括汽车电话或发射站，即任何发出电磁波的物体。电磁波能影响或者破坏数据传输，为了防止数据传输中的电磁波干扰，CAN 总线的两条数据线缠绕在一起。

当总线受到干扰时，由于 CAN-H 线与 CAN-L 线双线缠绕，所以干扰脉冲信号对 CAN-H 线和 CAN-L 线的作用是等幅值、等相位、同频率的。例如，在某段时间内，CAN-H 线和 CAN-L 线的正常电压分别为 3.5V 和 1.5V，则差分电压 V_{diff} = 3.5 – 1.5 = 2V。假如，某个时刻外界对总线产生干扰脉冲信号 X 后，CAN-H 线和 CAN-L 线的电压分别变为 3.5 – X 和 1.5 – X，但其差分电压 V_{diff} = (3.5 – X) – (1.5 – X) = 2V，并无发生变化，如图 6 - 10 所示。显然，外界在总线上产生了干扰，但总线的差分电压值不变，外界干扰不会影响 CAN 总线的数据传输。

当 CAN 总线对外辐射电磁波时，双线缠绕使 CAN-H 线与 CAN-L 线对外界的干扰幅值相同、频率相同，但相位相反，因此相互抵消，如图 6 - 11 所示。

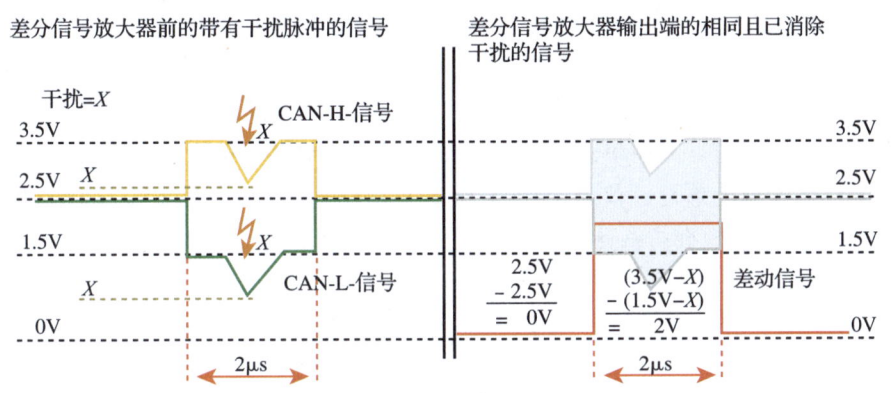

图 6 - 10　消除外界干扰

2）CAN 总线采用"边说边听"方式的非破坏性仲裁。CAN 节点只要检测到总线上有其他节点在发送数据，则要等待。多个节点同时向总线发送数据时，数据优先级高的节点先发，数据优先级低的节点后发。发送期间丢失仲裁或出错的帧可自动重发，故障节点可自动脱离总线。

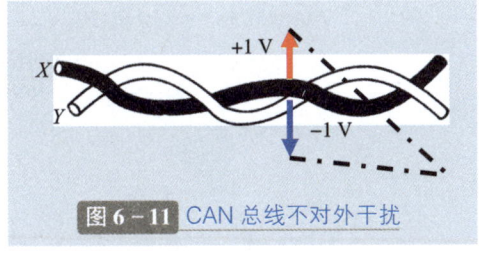

图 6 - 11　CAN 总线不对外干扰

3）CAN 总线采用短帧格式，核心的数据最多八个字节，从而保证实时性和可靠性。

4）CAN 总线采用先进的循环冗余校验（CRC），保证可靠性。

5）CAN 总线采用帧内应答，保证实时性。CAN 数据帧的 1 位用作应答位，数据发送节点向总线上发送数据帧时，在此位上向总线发送数字信号 1；而如果数据接收节点正确接收到发送节点发送的数据帧时，则在此位上向总线发送数字信号 0 作为应答，此时总线上的结果是数字信号0。因此，对数据发送节点而言，在数据帧的应答位上向总线"说"数字信号1，而"听到"的是数字信号0，则表明有其他节点正确接收到了该数据帧，否则表明其他节点没有正确接收到此数据帧。

（2）通信方式灵活　CAN总线通过验收滤波灵活实现"点对点""一点对多点"及"全局广播"等多种通信方式。

（3）通信距离远、通信速率高　CAN总线的直接通信距离最远可达10km（传输速率5kbit/s），通信速率最高可达1Mbit/s（此时通信距离最长为40m）。

4. CAN总线在传统汽车中的应用

由于CAN总线在汽车上的具体应用和数据传输速率不同，CAN总线有不同的类别。而功能相同或相近的CAN总线系统，不同的汽车公司称谓也不尽相同。

（1）大众车系的CAN总线　大众汽车集团公司生产的汽车使用了多种CAN总线。目前大众车系比较完善的CAN总线系统包括动力（驱动）CAN总线、舒适CAN总线、信息CAN总线、仪表CAN总线和诊断CAN总线五个局域网，通过网关构成一个完整的汽车网络体系，如图6-12所示。其中，动力CAN总线数据传输速率为500kbit/s，包括发动机、变速器、ABS、悬架等电控单元；舒适CAN总线数据传输速率为100kbit/s，包括车门、车窗、空调、电源管理等电控单元；信息CAN总线数据传输速率为100kbit/s，包括自适应巡航、多媒体等电控单元；仪表CAN总线数据传输速率为100kbit/s，包括仪表等电控单元；诊断CAN总线数据传输速率为100kbit/s，连接到汽车的诊断接口，用于故障诊断。

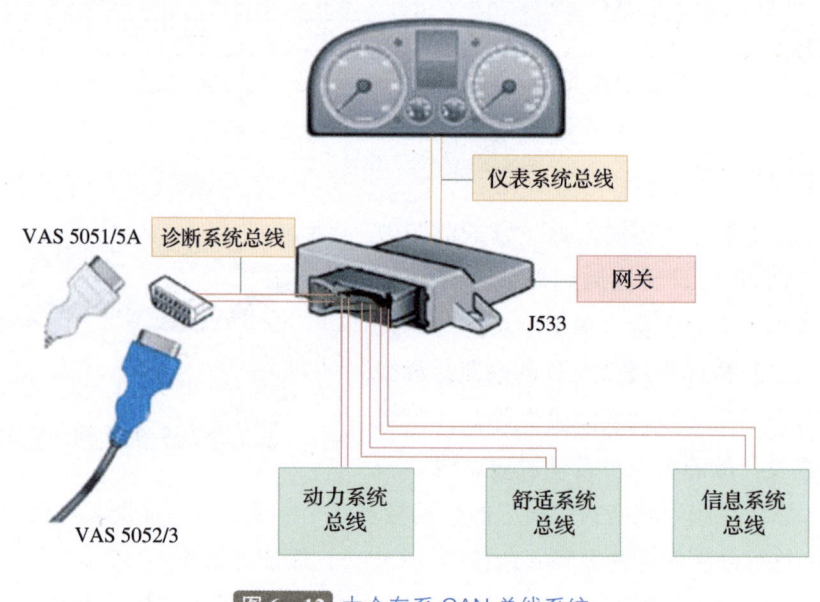

图6-12　大众车系CAN总线系统

需要说明的是，由于各种数据总线和网络的传输速率、信号表示、通信协议等不同，所以不同类型的总线之间无法进行直接耦合连接并进行数据交换，必须经过一种具有特殊功能的计算机进行转换，这种计算机称为网关。网关使不同总线和网络的信息共享，并使协议间不产生冲突，从而实现无差错的数据传输。

（2）宝马汽车的 CAN 总线　宝马汽车的 CAN 总线分为 PT-CAN 总线（动力 CAN 总线）、K-CAN 总线（车身 CAN 总线）、F-CAN 总线（底盘 CAN 总线）及 D-CAN 总线（诊断 CAN 总线）。其中，PT-CAN 总线传输速率为 500kbit/s，包括发动机、变速器、燃油泵等电控单元；K-CAN 总线传输速率为 100kbit/s，主要包括组合仪表、滑动天窗、车身模块、灯光模块及自动恒温空调等电控单元；F-CAN 总线传输速率为 500kbit/s，包括动态稳定、DSC、转向柱开关、主动转向等电控单元；D-CAN 总线传输速率为 500kbit/s，连接到汽车的诊断接口，用于故障诊断。

（3）丰田汽车的 CAN 总线　丰田汽车的 CAN 总线一般分为 HS-CAN 总线和 MS-CAN 总线。其中 HS-CAN 总线由 1 号 CAN 总线和 2 号 CAN 总线组成，传输速率为 500kbit/s，是高速通信总线，用于传动系统、底盘和某些车身电气通信。MS-CAN 总线传输速率为 250kbit/s，是中速通信总线，用于车身电气通信，也被称为 MS 总线。

5. CAN 总线在智能网联汽车中面临的挑战

在 L0 到 L3 级别汽车的智能辅助系统中，CAN 总线是车联网的重要组成部分，车联网需要解决车辆各系统之间的信息交换和共享问题。通过对传感器数据和终端数据的处理，实现车辆诊断、提醒、报警等功能。在现阶段，对于车联网，主要依赖车身有线通信、短距离无线通信和远程移动通信三个方面的通信技术。其中，车身有线通信主要是指车内装置通过 CAN 总线与车身控制单元通信，从而获得车速、胎压、油量等车辆状态信息。在汽车智能网联时代，随着汽车传感器和处理器的大量增加，导致通信带宽需求显著增加。在引入信息娱乐系统和基于视频的高级驾驶辅助系统（ADAS）时，这些应用的数据传输带宽要求明显高于传统的控制系统。现有的 CAN 总线技术已无法满足需要，急需下一代的车辆网络技术和体系结构。

此外，CAN 总线通信缺乏加密和访问控制机制，缺少认证和消息验证机制，无法识别和警告异常消息。在智能网联汽车的 CAN 总线安全中，CAN 总线用于将汽车的 T-box 与各种 ECU 连接起来，而 T-box 则作为智能汽车的联网设备，具有更多的外部接入点，数据传输和信息验证的过程极易受到黑客的攻击。鉴于 CAN 总线的特点，攻击者可以通过物理入侵或远程入侵的方式进行攻击和入侵。例如通过消息伪造和重放，利用系统漏洞远程控制车辆的多媒体系统，然后攻击车辆控制单元，获得远程向 CAN 总线发送命令的权限，达到远程控制动力系统和制动系统的目的，在用户不知情的情况下出现让车辆减速，关闭汽车发动机，突然制动或者让制动失灵等危险操作行为。当车辆处于物理接触状态时，攻击者可以通过接口注入命令来控制车辆的动力系统，从而控制转向盘和制动系统，严重威胁到交通参与者的人身安全。基于 CAN 总线通信的汽车数据安全保障也是一个亟待解决的问题。

6.1.3 LIN 总线

1. LIN 总线概述

LIN（Local Interconnect Network）即局部连接网络，是由奥迪、宝马、戴姆勒-克莱斯勒、摩托罗拉、博世、大众和沃尔沃等公司和部门（LIN 联合体）提出的一种低成本的汽车底层串行通信网络，用于实现汽车中的分布式电子系统控制。LIN 的目标是为现有汽车网络（例如 CAN 总线）提供辅助功能，多用于不需要 CAN 总线的带宽和多功能的场合，其典型应用是车上传感器和执行器的联网。

在车载网络中，LIN 处于低端，它的传输速度低、结构简单、价格低廉。在汽车上，LIN 与 CAN 总线网络是互补的关系。由于汽车产品包括部件和整机，对价格和复杂性非常敏感，在汽车网络系统使用 LIN 有其必要性和优越性。LIN 和 CAN 主要特性的对比见表 6-1。

表 6-1 LIN 与 CAN 主要特性对比

特性	LIN	CAN
工作方式	一主多从方式	多主方式
仲裁机制	无须仲裁	采用非破坏性仲裁
物理层（数据传输线）	单线，12V	双绞线，5V
总线传输速率	最高 20kbit/s	最高 1Mbit/s
总线最远传输距离	40m	10km
信息标识符（ID）位数/bit	6	11 或 29
每帧信息数据量/B	2 或 4 或 8	0~8
错误检测	8 位累加和校验	15 位循环冗余校验（CRC）
石英/陶瓷振荡器	主节点需要，从节点不需要	每个节点都需要

2. LIN 总线系统的结构

（1）LIN 的网络结构　LIN 总线上的最大电控单元节点数为 16 个，系统中两个电控单元节点之间的最大距离为 40m。

LIN 的网络结构如图 6-13 所示。LIN 总线网络由一个主节点、一个或多个从节点组成。所有节点都包含一个从任务（Slave Task），负责消息的发送和接收；主节点还包含一个主任务（Master Task），负责启动 LIN 总线网络中的通信。

（2）LIN 的节点结构　一个 LIN 节点

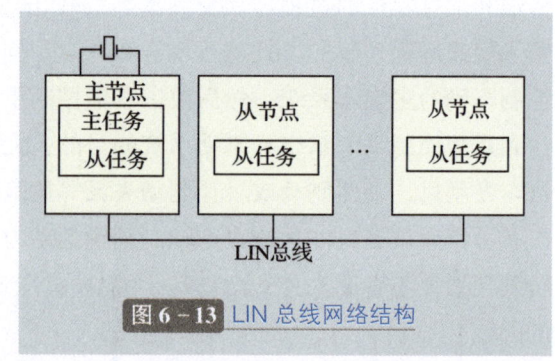

图 6-13 LIN 总线网络结构

主要由微控制器和 LIN 收发器组成,而微控制器通过 UART/SCI 接口与 LIN 收发器连接,LIN 节点结构如图 6-14 所示。几乎所有微控制器都具备 UART/SCI 接口,并且 LIN 收发器(如 TJA1020、MC33399 等)的 RXD、TXD 引脚可与微控制器的 RXD、TXD 引脚直接连接,无须电平转换。因此 LIN 节点设计方便,结构简单,价格低廉。

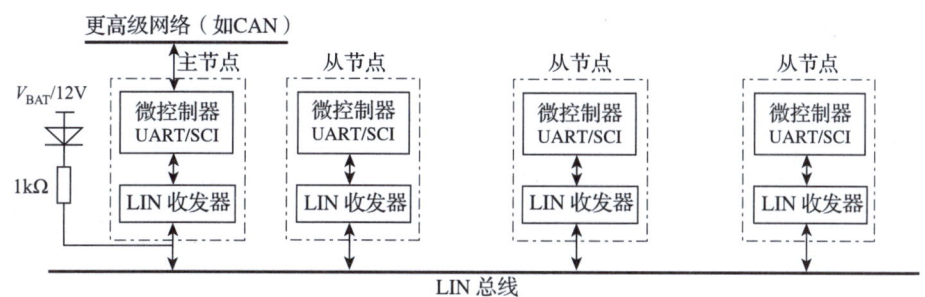

图 6-14　LIN 节点结构示意图

在 LIN 系统中,加入新节点时,不需要其他从节点进行任何软件或硬件的改动。LIN 和 CAN 一样,传送的信息带有一个标识符,它给出的是这个信息的意义或特征,而不是这个信息传送的地址。

LIN 系统总线的电气性能对网络结构有很大影响。网络节点数不仅受标识符长度的限制,而且受总线物理特性的限制。在 LIN 系统中,建议节点数不要超过 16 个,否则网络阻抗降低,在最坏工作情况下可能会发生通信故障。LIN 系统每增加一个节点大约使网络阻抗降低 3%。

LIN 收发器的 VBAT 与 LIN 引脚间的二极管是重要的保护元件。当 VBAT 为低(本地节点断电或断路等)时,可以防止 LIN 总线反向驱动节点的电源线(这将大大增加总线负载)。LIN 收发器的内部在 LIN 引脚与 VBAT 引脚之间串联了二极管和 30kΩ 的从机端电阻,因此 LIN 从节点的 LIN 引脚不需要外加端电阻。而 LIN 主节点的 LIN 引脚与 VBAT 引脚间需要外加二极管和 1 kΩ 的端电阻。

3. LIN 总线系统的数据通信

(1) LIN 总线的数据通信及波形　LIN 总线上的信息帧由信息标题和信息内容两部分组成,如图 6-15 所示。一个 LIN 网络上的通信总是由主节点的主发送任务所发起的,主节点向 LIN 总线发送一个信息标题(包括同步间隔区、同步分界区、同步区和标识符区),然后由主节点或从节点向 LIN 总线发送对应的信息内容(包括数据和对应

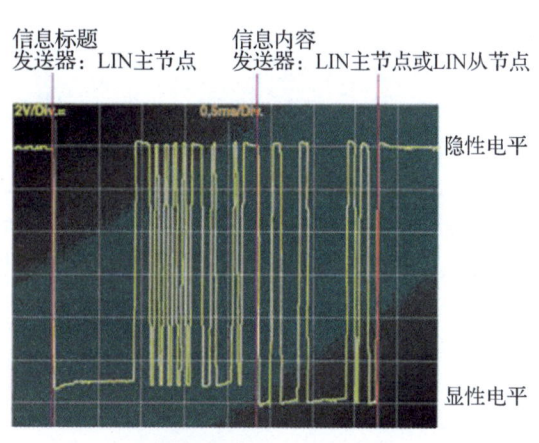

图 6-15　LIN 信息波形

的校验和)。

(2) LIN 总线的信息传输模式　LIN 总线共有以下三种信息传输模式。

1) 主节点请求从节点数据 (Data from Slave to Master)。如图 6-16 所示,主节点通过向 LIN 总线上发送信息标题,请求从节点的数据。当从节点接收到信息标题后,将向 LIN 总线上发送相关的回应信息(如传感器信息)。

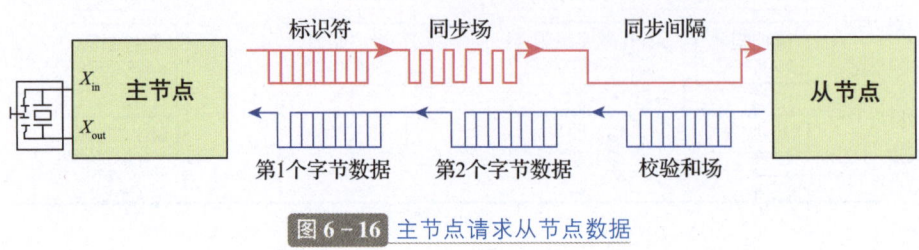

图 6-16　主节点请求从节点数据

2) 主节点向从节点发送数据 [Data from Master to Slave (s)]。如图 6-17 所示,主节点向 LIN 总线上发送信息标题后,再向 LIN 总线上发送命令信息内容(参数设置或执行器控制信息)。当从节点接收到相关信息后,更改电控单元的相关参数或者按照主节点的命令控制执行器动作。

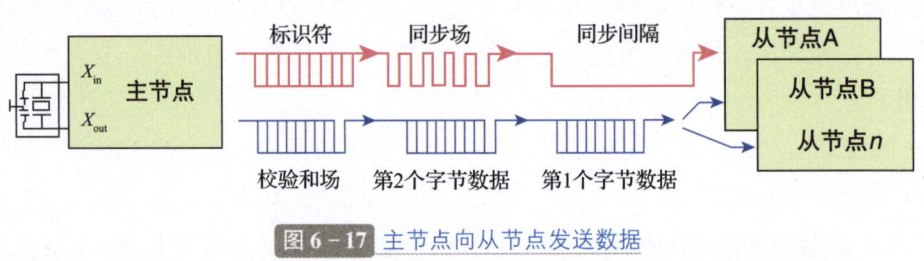

图 6-17　主节点向从节点发送数据

3) 从节点之间发送数据 [Data from Slave to Slave (s)]。如图 6-18 所示,主节点向 LIN 总线上发送信息标题给某个从节点,要求该从节点向其他从节点发送数据。

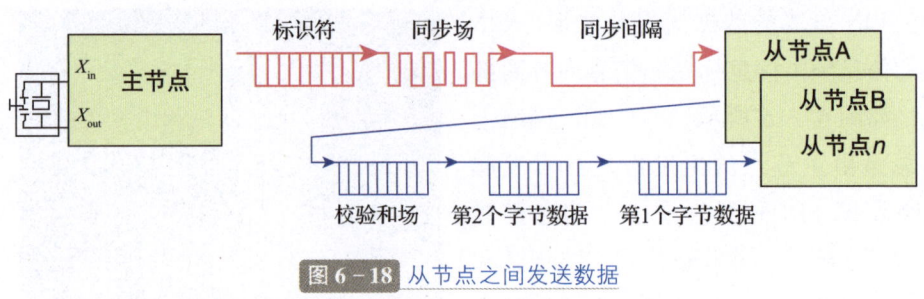

图 6-18　从节点之间发送数据

4. LIN 总线在汽车中的应用

现以奥迪 A6 轿车为例，说明 LIN 总线在汽车中的实际应用。奥迪 A6 轿车 LIN 总线系统组成及元件位置分布如图 6-19 所示。

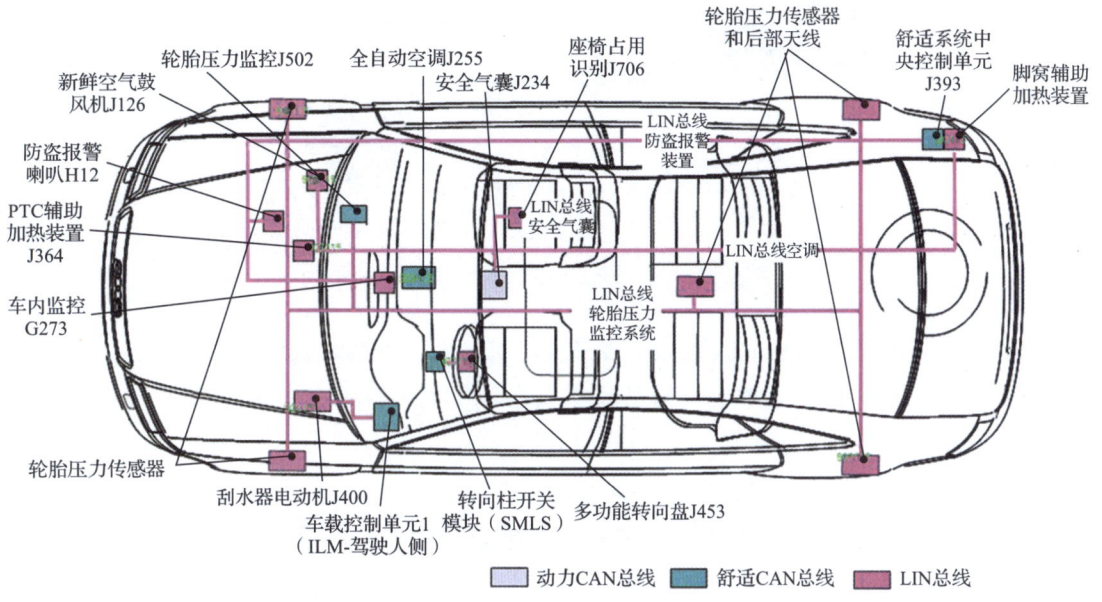

图 6-19 奥迪 A6 LIN 总线系统组成及元件位置分布

奥迪 A6 的空调系统、舒适系统、供电管理系统、动力转向系统、轮胎压力监控系统、安全气囊系统等采用 LIN 总线进行连接，如图 6-20 所示。

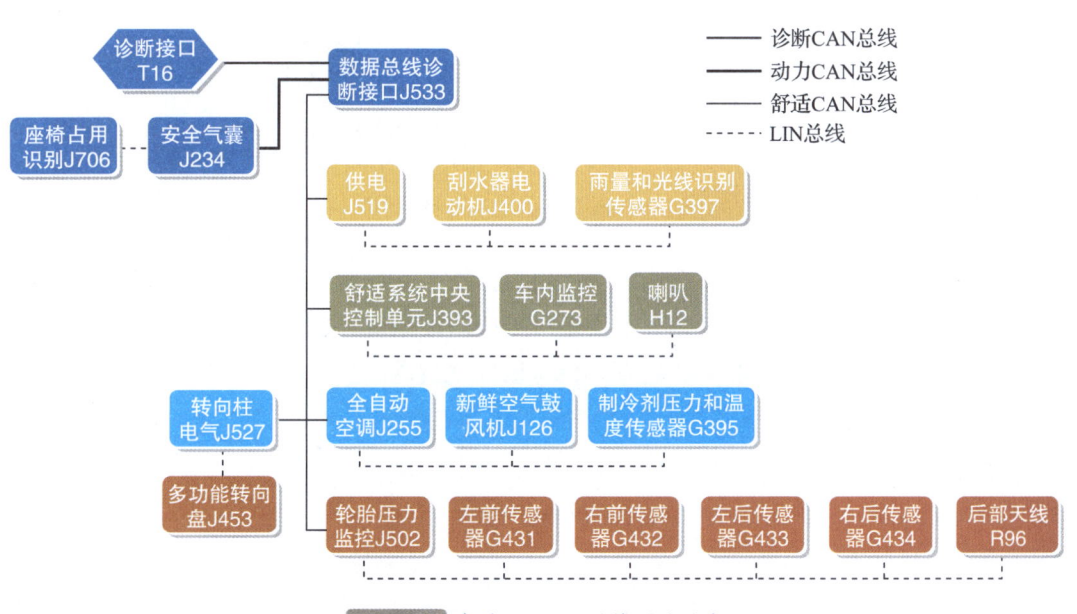

图 6-20 奥迪 A6 LIN 总线系统分布

现以奥迪 A6 轿车中的空调系统 LIN 总线为例,说明 LIN 总线系统的数据传递过程。如图 6-21 所示,空调系统 LIN 主控制单元查询鼓风机转速,其数据传递流程如下:

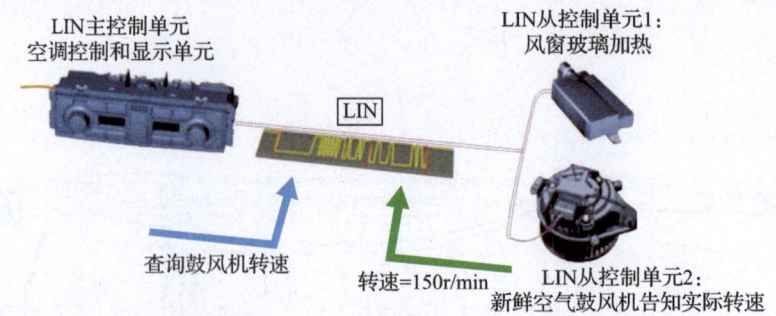

图 6-21　LIN 主控制单元查询鼓风机转速

1)主控制单元 J255 在 LIN 总线上发送信息标题——查询鼓风机转速。

2)从控制单元 J126 读取 LIN 信息标题,进行转换,然后将当前的鼓风机转速数据发送到 LIN 总线上。

3)鼓风机实际转速信号被空调装置识别。

如图 6-22 所示,空调系统 LIN 主控制单元设定新的鼓风机转速,其数据传递流程如下:

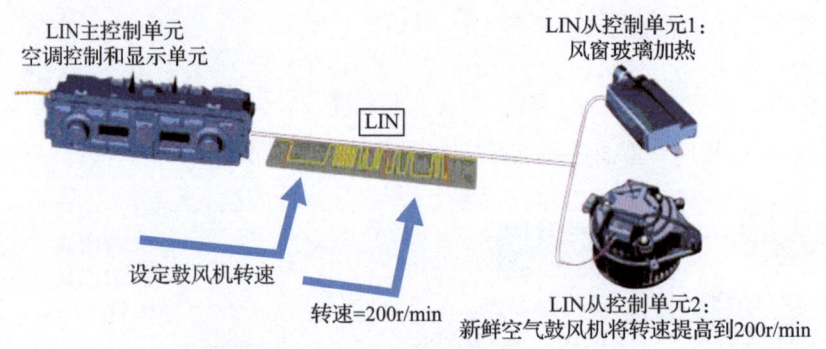

图 6-22　LIN 主控制单元设定新的鼓风机转速

1)主控制单元 J255 在 LIN 总线上发送信息标题——调节新鲜空气鼓风机的转速。

2)主控制单元 J255 在 LIN 总线上发送所希望的鼓风机转速信号。

3)从控制单元 J126 读取 LIN 信息,相应地控制鼓风机。

6.1.4　MOST 总线

1. MOST 总线系统概述

在汽车影音娱乐和信息显示系统中,为保证音质清晰、画面流畅,需要传输的数据量很大，传输速率的要求很高，例如图 6-23 给出的带有立体声的数字式电视系统，需要约 6Mbit/s 的传输速率。CAN 总线（最高传输速率 1Mbit/s）的信息传输能力难以满足要求，为此，汽车生产商开发出光学总线系统。

目前，汽车光学总线系统主要有 DDB、MOST 和 Byteflight 三类，其中 MOST 总线应用最为广泛。

MOST 总线是 Media Oriented Systems Transport 的缩写，是用于多媒体数据传送的网络系统。MOST 总线可连接汽车音响系统、视频导航系统、车载电视、高保真音频放大器、车载电话、多碟 CD 播放器等模块，其数据传输速率最高可达 150Mbit/s，而且没有电磁干扰。在图 6-24 给出的奥迪 A6 的数字式电视系统中，海量的视频和音频数据是由 MOST 总线来传输的，而 CAN 总线只能用来传输控制信号。

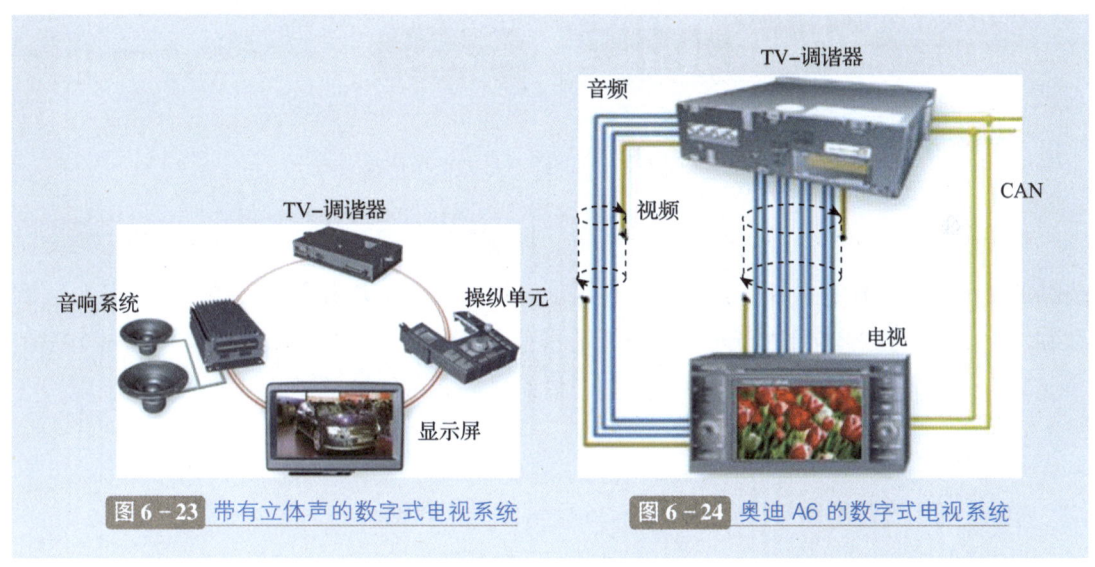

图 6-23 带有立体声的数字式电视系统　　图 6-24 奥迪 A6 的数字式电视系统

MOST 总线可以不需要额外的主控计算机系统，结构灵活，性能可靠且易于扩展，采用塑料光纤（Plastic Optical Fiber，POF）作为物理层的传输介质，支持"即插即用"方式，在网络上可以随时添加和去除设备，具有方便简洁的应用系统界面。MOST 总线通过光缆利用光波传输数据，具有导线少、重量轻、传输速度快、不会产生电磁干扰及对电磁干扰不敏感等优点，使 MOST 总线具有较高的传输速率和较强的抗干扰性能。

2. MOST 总线的网络拓扑结构

MOST 总线采用环形网络拓扑结构，如图 6-25 所示。控制单元通过一根光导纤维沿环形方向将数据传送至环形结构中的下一个控制单元，这个过程一直持续到数据返回至原先传送的控制单元并接收到这些数据为止，由此，形成了一个闭合的环路。MOST 总线系统的故障诊断借助数据总线的诊断接口和诊断 CAN 进行。

智能网联汽车技术概论

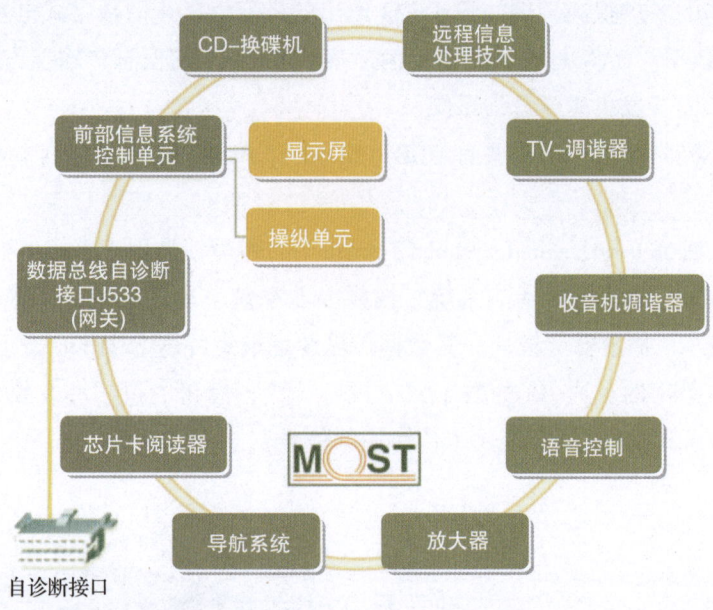

图 6-25 奥迪 A6 MOST 总线的环形拓扑结构

在 MOST 总线中，各个终端设备（节点、控制单元）之间通过一个数据只沿一个方向传输的环形总线连接，音频、视频信息在环形总线上循环，并由每个节点（控制单元）读取和转发。各个控制单元之间通过光导纤维相互连接而形成一个封闭环路，因此每个控制单元拥有两根光导纤维，一根光导纤维用于发射器，另一根光导纤维用于接收器。

3. MOST 总线的数据类型

MOST 利用光纤网络可以传送图 6-26 所示的三种数据。

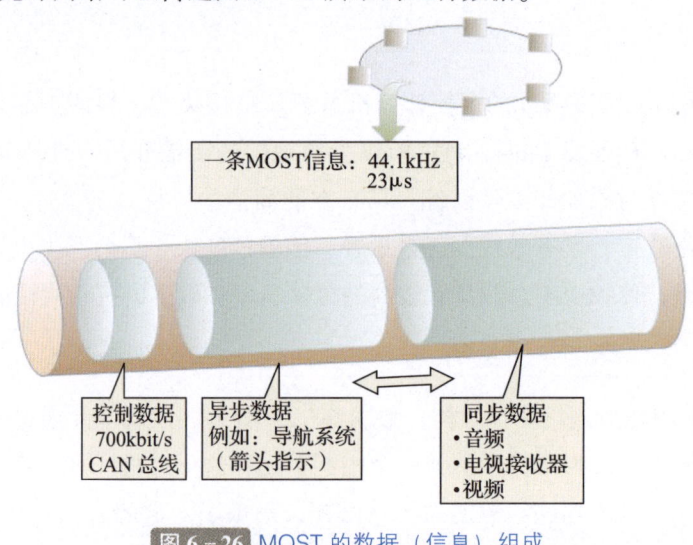

图 6-26 MOST 的数据（信息）组成

110

1）同步数据：实时传送音频信号、视频信号等流动型数据。

2）异步数据：传送访问网络及访问数据库等的数据包。

3）控制数据：传送控制报文及控制整个网络的数据。

MOST 是以基于数字电话交换机等使用的"帧同步传送"技术为基础的。因此，通过简单的硬件就可以实现流动型数据的同步传送，只会产生完全可以预测到的最小限度的滞后。各种数据在媒介上进行实时数据交换，在整个总线内都可以获得相关数据，即以无损方式读取（复制）数据并能够用于不同组件。

MOST 一根光纤最多可以同时传送 15 个频道的 CD 质量的非压缩音频数据。在一个局域网上，最多可以连接 64 个节点（装置）。

6.1.5　FlexRay 总线

FlexRay 是一种用于汽车的高速、可确定性、具备故障容错能力的总线技术，它将事件触发和时间触发两种方式相结合，具有高效的网络利用率和系统灵活性特点，可以作为新一代汽车内部网络的主干网络。FlexRay 是汽车工业的事实标准（Fac to Standard）。FlexRay 总线主要用于线控转向和线控制动等需要高实时安全性的系统中。2006 年 FlexRay 首次应用于量产车，作为数据主干网用在了宝马 X5 的悬架系统上。

FlexRay 总线具有高可靠性特点，特别是具备冗余通信能力，可以通过硬件实现全网配置复制和进度监控，支持多种拓扑，如总线拓扑、星形拓扑和混合拓扑。总线拓扑的主要优势在于采用了设计工程师熟悉的汽车网络架构，因而可以有效控制成本。在需要更高带宽、更短延迟时间或确定性行为，而同时容错功能并非必需的情况下，这种总线拓扑非常有用，典型的应用领域就是直接替换 CAN 以满足带宽要求。星形拓扑可完全解决容错问题，即使出现意外情况，星形拓扑的支路可以有选择地切断。如果总线线缆长度超过规定限制，星形拓扑还可以当成复制器来延长信号传输距离。

FlexRay 的总线拓扑和星形拓扑均支持双通道，即 FlexRay 总线有两个通道，其最高数据传输率都可达到 10Mbit/s，也就是说，总线的数据传输总速率可达 20Mbit/s，网络带宽是 CAN 的 20 倍以上。而正是因为有两条线路，能更好地实现冗余，使得消息具有容错能力。图 6-27 给出了 FlexRay 总线拓扑下的 A、B 双通道传输结构，如果其中的某一通道出现故障，则可通过另一通道进行数据传输。但当这两条信道传递不同的信息时，数据吞吐量将加倍。

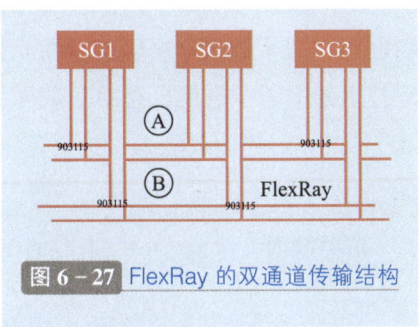

图 6-27　FlexRay 的双通道传输结构

在图 6-28 所示的带有 CAN、MOST、FlexRay 多总线的车载网络结构中，网关可以实现不同总线之间的信息共享，还可以激活和监控 CAN、LIN 和 FlexRay 总线网络的工作状态并实现车辆数据同步。另外，可以通过 OBD 接口读取网关数据而实现故障诊断。

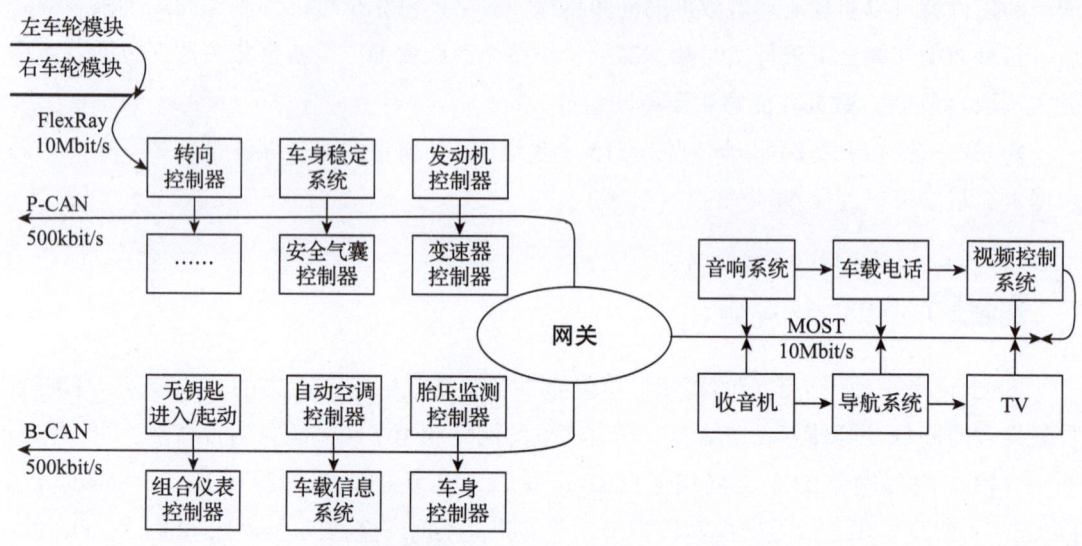

图 6-28 带有多总线的车载网络架构

6.2 车载以太网

以太网（Ethernet）是互联网中使用最多和最广泛的网络技术，自从 1973 年 5 月 22 日作为个人计算机的局域网技术被发明以来，以太网技术快速发展并且成为 IEEE 802 的下一个开放标准集合。汽车智能化、网联化甚至自动驾驶时代已经到来，ADAS 技术的不断创新、高质量汽车娱乐音频和视频的应用，以及 OTA 远程升级、V2X、大数据、云计算等技术都取得了进展，这对车载网络容量的爆炸性需求明显超过了传统车载网络（如 CAN 或 FlexRay）的承载能力，这也是以太网和汽车深度融合的机会。

6.2.1 车载以太网的相关技术

1. 现有的主流车载网络技术

目前商用的车载网络主要有 CAN、LIN、MOST、FlexRay、TTP/C 以及 LVDS 等，各个车载网络的对比见表 6-2。

表 6-2 常见车载网络对比

协议	最高带宽	传输介质	最大载荷	拓扑	实时	成本
CAN	1 Mbit/s	双绞线	8	多主	否	低
LIN	19.2 kbit/s	单线	8	单主	否	低
TTP/C	10 Mbit/s	双绞线/光纤	128	单主	是	高
FlexRay	10 Mbit/s	双绞线/光纤	254	单主	是	中
LVDS	850 Mbit/s	双绞线串/并行	—	多主	否	低
MOST	150 Mbit/s	双绞线/光纤	3072	多主单主	否	高
AVB	100 Mbit/s	非屏蔽双绞线	1500	—	否	高
Ethernet	1 Gbit/s	非屏蔽双绞线	1500	—	否	低

CAN 主要用于车上控制数据传输，是目前车载网络应用最广泛的标准，最大传输速度为 1 Mbit/s。LIN 总线是一种低成本通用串行总线，在汽车领域用于车门、天窗、座椅控制等，最大传输速度为 19.2 kbit/s。

TTP/C 是一种基于时分多址方式（TDMA）的时间触发通信协议，主要用于安全关键领域，例如航空电子设备或汽车领域 X-by-Wire 应用，最高传输速度为 10 Mbit/s，TTP/C 专为满足最高安全要求而开发，因此它不兼容事件触发系统。

FlexRay 允许同步和异步数据传输，同步部分基于 TDMA 方法，异步部分使用灵活的时分多址方法（FTDMA），每个节点可以使用全带宽传输事件触发数据。FlexRay 被设计成用于容错环境下的线控制动等底盘系统应用。

MOST 主要支持多媒体流数据传输，MOST150 标准的最大带宽为 150 Mbit/s，它是目前车载多媒体数据传输的首选协议，MOST150 支持基于 IP 的应用程序，由于单一供应商的问题，基础开发成本较高。

LVDS 是一种电气数字信号系统（低电压差分信号，通过铜缆双绞线传输高速数据），最大带宽为 850 Mbit/s，最长传输距离 10 m。在汽车领域，LVDS 用于屏幕和摄像头之间的数据传输。此外，LVDS 包含不开放协议，不同厂商的部件不支持数据交换，需要 ECU 充当网关。

2. 车载以太网拓扑

车载以太网常见的拓扑结构有星形、菊花链型和树型，这些结构在交换式以太网中支持 IEEE 802.3 和 IEEE 802.1Q 标准。

星形拓扑结构如图 6-29 所示，其特点是管理方便、极易扩展、安装维护成本低，但需要专用的网络设备（如交换机）作为其核心节点，对核心设备的负担较重，可靠性要求高，各节点的分布处理能力较低。菊花链型拓扑结构如图 6-30 所示，其特点是由星形结构的基础网络构成，通过菊花链或串行的方式增加下一个节点。菊花链型拓扑结构容易扩展，各节点可以分布处理，网络设备的负担相对较轻，但节点之间的通信相对较复杂，安装维护成本较高。

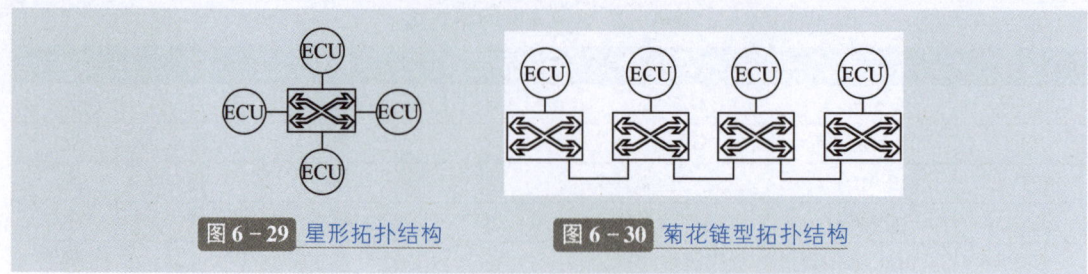

图6-29 星形拓扑结构　　图6-30 菊花链型拓扑结构

结合以上两种拓扑结构实现了树型结构,在汽车网络中权衡了良好的分布处理性能和安装维护成本,图6-31给出了一种树型结构的车载以太网的实施方法。

6.2.2 车载以太网技术的应用

以太网以其通用性、开放性、高带宽、易扩展、易互联等特性,成为一种新型的车载网络,目前可以预期的车载以太网的发展分为三个阶段。

1. 第一阶段：子系统级别

单独在某个子系统使用以太网,如图6-32所示。这一阶段的衍生产品目前已经在整车上实施,如基于DoIP标准的OBD诊断设备;或已有实例应用,如使用IP摄像头的驾驶辅助系统。

2. 第二阶段：架构级别

将几个子系统功能整合,形成一个拥有功能集合的小系统,如图6-33所示,将多媒体、驾驶辅助和诊断界面结合在一起,融合了传感器、全景摄像头及雷达等多种数据。因为可以保证更高的带宽和

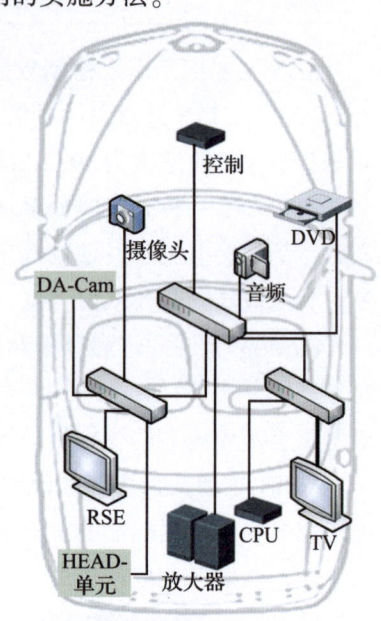

图6-31 树型结构

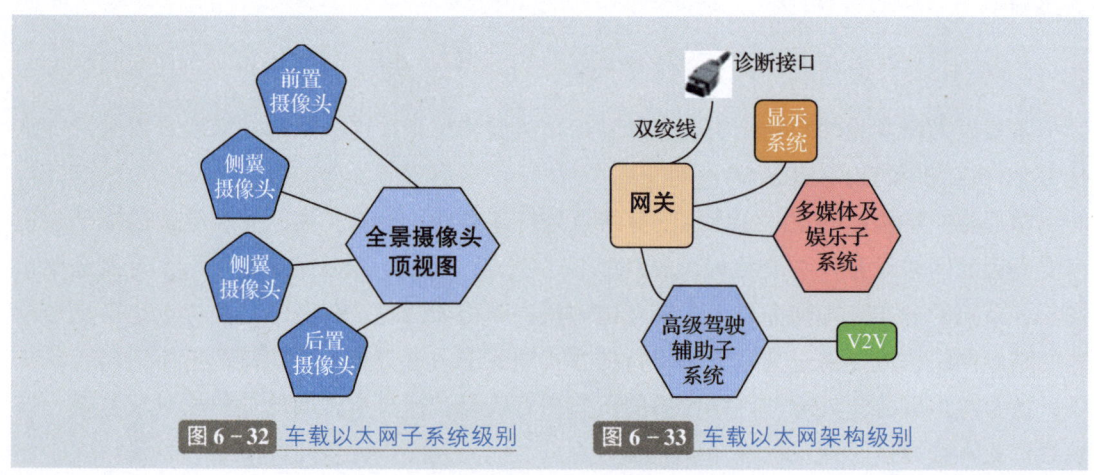

图6-32 车载以太网子系统级别　　图6-33 车载以太网架构级别

更低的延迟，在涉及安全方面的应用，摄像头可以使用更高分辨率且未压缩的数据进行传输，从而避免如压缩失真等导致障碍物检测失败的问题。

图 6-34 显示了一种车载以太网应用场景，它配备一个或多个节点，例如驾驶辅助系统、带高分辨率 IP 摄像头的全景停车场，以及多屏幕交互式高清信息娱乐系统。

图 6-34　车载以太网应用场景

3. 第三阶段：域级别

前两个阶段专注于一个特定的应用领域，第三阶段使用以太网作为车载网络骨干，集成动力总成、底盘、车身、多媒体、辅助驾驶，真正形成一个域级别的汽车网络，如图 6-35 所示。

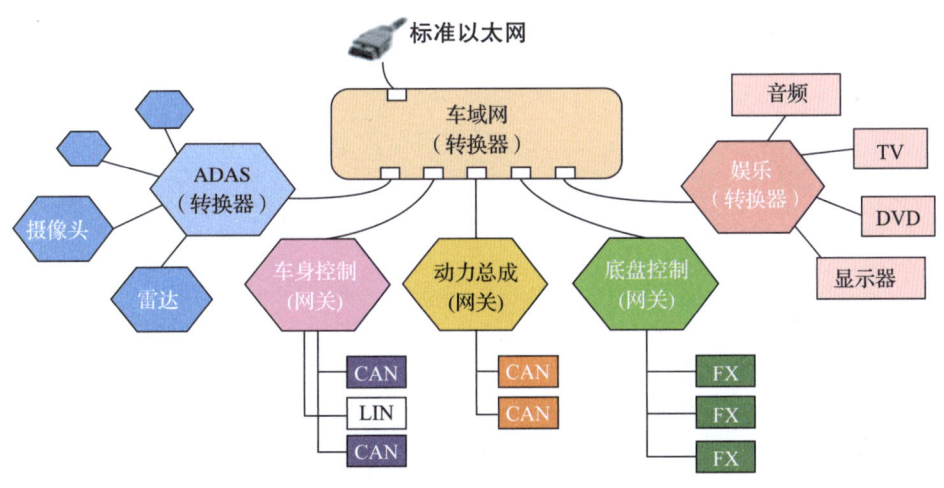

图 6-35　车载以太网域级别架构

辅助驾驶系统可以采用以太网传输高清摄像头和高精度雷达数据，娱乐系统可以使用以太网传输视频和音频数据，车辆相关数据（车辆状态数据、道路环境高清视频数据、雷达数据）可以通过远程信息处理模块或 V2X 传输到外部云端平台、基站、数据控制中心等，车载娱乐系统控制器可以通过 4G/5G/Wi-Fi、蓝牙等方式下载音频和视频。

奥迪 A8 是第一款具备了 L3 级自动驾驶功能的汽车，也是第一个使用车载以太网作为骨干网的运算架构。未来 L3 级以上的自动驾驶汽车将把域控制器、以太骨干网、AUTOSAR 和激光雷达作为标配。

思考题

本章的学习目标你已经达成了吗？请通过思考以下问题的答案进行结果检验。

序号	问题	自检结果
1	汽车总线相对传统布线有何优势？	
2	说明汽车总线分类、典型总线和应用场合。	
3	说明 CAN 节点向总线上发送数据的流程和从总线上接收数据的流程。	
4	CAN 总线是如何实现数据仲裁的？	
5	CAN 总线是如何实现验收滤波的？	
6	CAN 总线具有高可靠性、安全性和实时性，其具体表现有哪些？	
7	CAN 总线在智能网联汽车应用中存在哪些挑战？	
8	LIN 总线和 CAN 总线有何区别？	
9	LIN 总线有几种信息传输模式？	
10	MOST 总线在汽车中采用什么拓扑结构？	
11	FlexRay 总线有哪些优点和应用？	
12	车载以太网在智能网联汽车中有哪些优势？	

第 7 章　智能网联汽车通信技术

学习目标

1. 熟悉智能网联汽车V2X的含义和功能
2. 熟悉智能网联汽车V2X的实现方式
3. 了解移动网络通信技术的发展
4. 熟悉5G网络的关键技术及其在V2X中的应用
5. 熟悉几种常见的物联网无线通信技术及其在V2X中的应用

智能网联汽车除了需要上一章介绍的车内网络，还需要汽车与外部的联网，本章介绍 V2X 及实现 V2X 功能的两种通信技术：移动通信技术和物联网无线通信技术。

7.1　V2X

V2X 是 Vehicle to Everything 的意思，即车辆自身和外界事物之间的信息交换，是智能网联汽车通信技术的核心。车辆自身主要与以下外界事物进行信息交换。

扫一扫

V2X 信息交换技术在智能网联汽车中的应用

1. V2V

V2V 是 Vehicle to Vehicle 的英文缩写，即车辆自身与其他车辆之间的信息交换，其应用场景如图7-1所示。

车辆自身与外界车辆之间的信息交换内容，主要包括以下几点。

① 当前自身车辆的行驶速度与附近范围内车辆的行驶速度进行信息内容的交换。

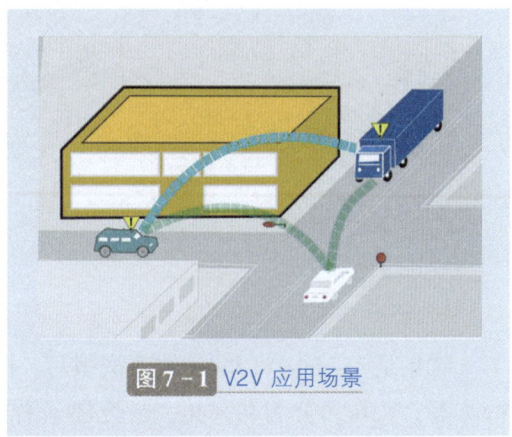

图7-1　V2V 应用场景

②当前自身车辆的行驶方向与附近范围内车辆的行驶方向进行信息内容的交换。

③当前自身车辆紧急状况与附近范围内车辆的行驶状况进行信息内容的交换。

2. V2I

V2I 是 Vehicle to Infrastructure 的英文缩写，即车辆自身与基础设施之间的信息交换，其应用场景如图 7-2 所示。

基础设施主要包括红绿灯、公交站台、交通指示牌、立交桥、隧道、停车场等。

车辆自身与基础设施之间的信息交换内容，主要包括以下几点。

①车辆的行驶状态与前方红绿灯的实际状况进行信息内容的交换。

②车辆的行驶状态与途经公交站台的实际情况进行信息内容的交换。

③车辆当前行驶的方向和速度与前方交通指示牌所提示的内容进行信息上的交换。

④车辆的行驶状态与前方立交桥或隧道的监控情况进行信息内容的交换。

⑤车辆的导航目的地与停车场空位情况进行信息内容的交换。

3. V2P

V2P 是 Vehicle to Pedestrian 的英文缩写，即车辆自身与外界行人之间的信息交换，其应用场景如图 7-3 所示。

车辆自身与外界行人之间的信息交换内容，主要包括以下几点。

①车辆自身的行驶速度与行人当前位置进行信息内容的交换。

②车辆自身的行驶方向与行人当前位置进行信息内容的交换。

图 7-2 V2I 应用场景　　图 7-3 V2P 应用场景

4. V2R

V2R 是 Vehicle to Road 的英文缩写，即车辆自身与道路之间的信息交换。按照道路的特殊性，V2R 可分为两大类，一类是车辆自身与城市道路之间的信息交换；另一类是车辆自身与高速道路之间的信息交换，其应用场景如图 7-4 所示。

车辆自身与道路之间的信息交换内容，主要包括以下几点。

①车辆自身的行驶路线与道路当前路况进行信息内容的交换。

②车辆自身的行驶方向与前方道路发生的事故进行信息内容的交换。

③车辆行驶的导航信息与道路前方的路标牌进行信息内容的交换。

图 7-4 V2R 应用场景

5. V2N

V2N 是 Vehicle to Network 的英文缩写，即车辆自身或驾驶人与互联网之间的信息交换，其应用场景如图 7-5 所示。

图 7-5 V2N 应用场景

车辆驾驶人与互联网之间的信息交换，主要包括车辆驾驶人通过车载终端系统向互联网发送需求，从而获取诸如娱乐应用、新闻资讯、车载通信等服务；车辆驾驶人通过应用软件可及时从互联网上获取车辆的防盗信息。

车辆自身与互联网之间的信息交换，主要包括：

①车辆自身的行驶信息和传感器数据，与互联网分析的大数据结果进行信息内容的交换。

②车辆终端系统与互联网上的资源进行信息内容的交换。

③车辆自身的故障系统与互联网远程求助系统进行信息内容的交换。

智能网联汽车 V2X 功能的实现前提是必须首先实现车辆自身的智能化，车辆的智能化主要包括车载传感器的感知功能、汽车数据通信处理能力，以及数据分析后的决策功能。只有在实现了车辆智能化的基础上，才能利用网络通信技术实现智能网联汽车 V2X 的功能，如图 7-6 所示。

目前，实现智能网联汽车 V2X 功能的网络通信技术主要有移动网络通信技术和物联网无线通信技术。

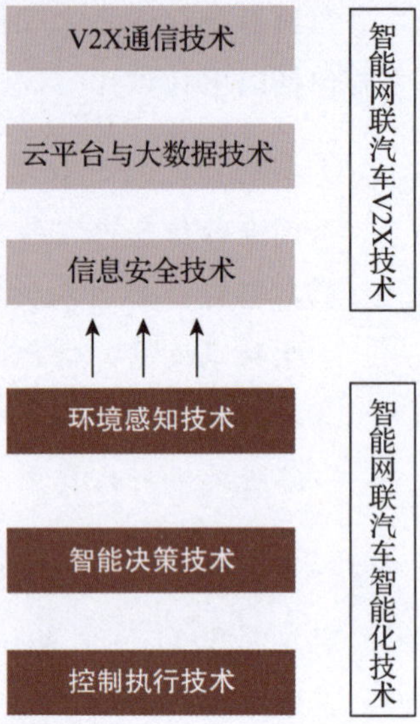

图 7-6 实现 V2X 功能的条件

7.2 移动网络通信技术

7.2.1 移动网络通信技术的发展

移动网络通信技术是一种综合技术的应用，它由有线通信技术和无线通信技术融合而成，具体是指通过移动网络信号系统，作为主体的人或设备可在不受位置约束的条件下，与固定位置或正在发生位移的另一方主体人或设备进行通信的方式。移动网络通信技术系统主要由空间系统（如卫星等）、地面系统（如地面基站、交换中心等）两大部分组成，如图 7-7 所示。

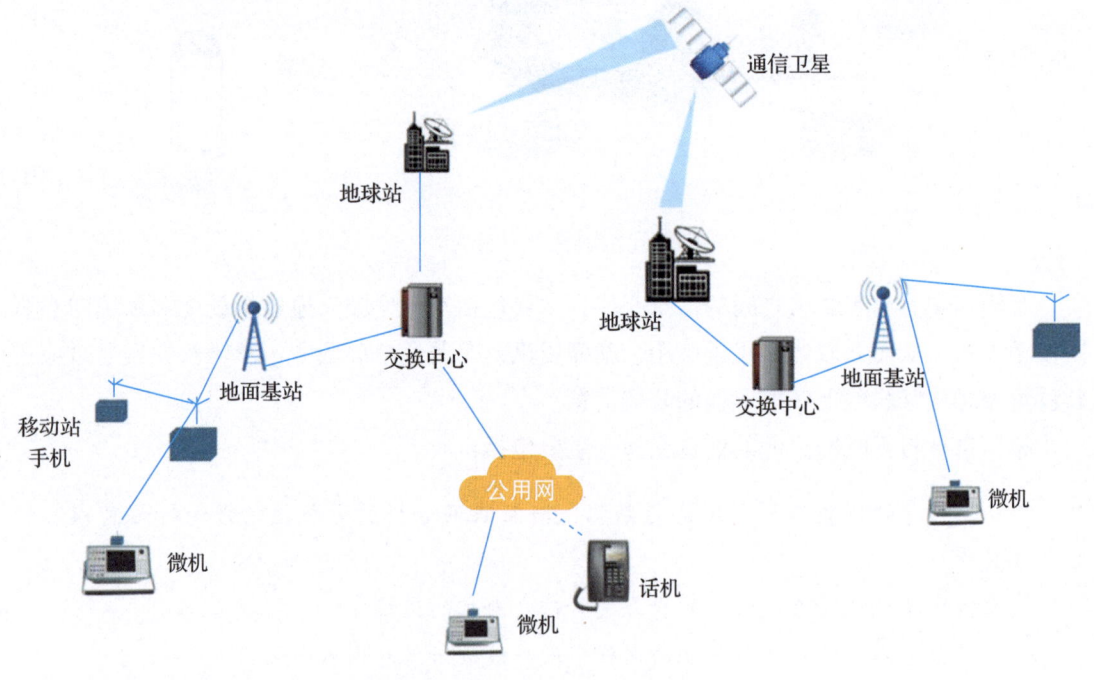

图 7-7 移动网络通信技术系统的组成

到目前为止，移动网络通信在技术上已经历经了 5 次更新换代，见表 7-1。

表 7-1 移动网络通信技术发展

技术名称	开始应用年份	最高传输速率
第一代移动通信网络（1G）	1980 年	2.4kbit/s
第二代移动通信网络（2G）	1990 年	150kbit/s
第三代移动通信网络（3G）	2000 年	6Mbit/s
第四代移动通信网络（4G）	2013 年	100 Mbit/s
第五代移动通信网络（5G）	2019 年	至少 1 Gbit/s

1. 1G 网络

1G 网络是第一代移动网络通信技术，它采用了模拟信号技术，在蜂窝基站的作用下，可将网络信号在邻近的各个基站之间进行相互传递，最终实现了移动电话的语音通话功能，最为典型的应用案例就是"大哥大"。1G 网络技术的诞生不仅为人类的生活、工作提供了诸多便利，与此同时也意味着拉开了移动网络新技术的序幕。

2. 2G 网络

2G 网络是第二代移动网络通信技术，它舍弃了 1G 网络时代的模拟信号传输技术，转而采用数字信号进行网络通信，这样大大提高了通话质量和通信系统的存储容量，最为典型的应用案例就是短信和手机铃声。2G 数字网络不仅使得手机得到了广泛应用，而且推动了移动网络技术的高速发展。

3. 3G 网络

为规范移动网络技术的发展，国际电信联盟（International Telecommunication Union，ITU）针对第三代移动网络技术，批准了 IMT-2000 无线接口技术规范文件。2000 年 5 月，国际电信联盟最终确定了四大标准，分别为 CDMA2000、WCDMA、TD-SCDMA、WIMAX 无线接口标准。我国仅支持 3 个标准，分别是中国联通的 WCDMA、中国电信的 CDMA2000、中国移动的 TD-SCDMA。3G 网络时代最典型的应用是可通过互联网技术实现语音、图片、视频等内容的数据传输。

4. 4G 网络

WLAN 是英文 Wireless Local Area Networks 的缩写，即无线局域网络。WLAN 遵循由国际电气和电子工程师协会（Institute of Electrical and Electronics Engineers，IEEE）所定义的无线网络通信 IEEE 802.11 标准。WLAN 利用射频技术，将原有的有线局域网升级为无线局域网，并被广泛应用到家庭与企业当中。

4G 网络将 3G 网络技术和 WLAN 技术有效地融合在一起，使网络传输速率和传输质量较之前相比，得到了大幅度的提高。目前 4G 网络制式共有两种：LTE-FDD 和 LTE-TDD。

（1）LTE-FDD　LTE 是 Long Term Evolution 的英文缩写，即长期演进（指 3G 技术的演进）；FDD 是 Frequency Division Duplex 的英文缩写，即频分双工。LTE-FDD 是全球通用的 4G 标准，被广泛应用。LTE-FDD 上行传输速率为 50Mbit/s，下行传输速率为 150Mbit/s。

（2）LTE-TDD　TDD 是 Time Division Duplex 的英文缩写，即时分双工。LTE-TDD 是我国自主研发并实行的 4G 通信标准。LTE-TDD 上行传输速率为 50Mbit/s，下行传输速率为 100Mbit/s。

5. 5G 网络

5G 网络即第五代移动通信网络，其传输速率可达 4G 网络的百倍之多。5G 网络的出现使得物联网能够获得更加广泛的应用，包括诸如智能网联汽车、机器人、智慧城市、智慧农场等应用，如图 7-8 所示。

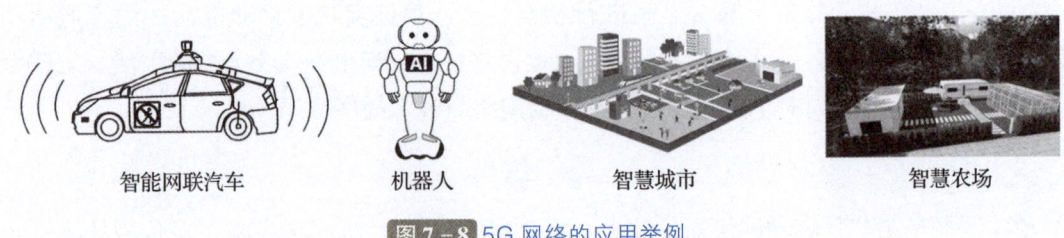

图 7-8　5G 网络的应用举例

3GPP 是 the 3rd Generation Partnership Project 的英文缩写，即第三代合作伙伴计划。据 2018 年 6 月 3GPP 公布的规划内容来看，5G 网络标准分为独立组网模式（SA）和非独立组网模式（NSA）两大类。独立组网模式是指需要打造全新的 5G 网络环境，如 5G 基站、5G 核心网等。非独立组网模式是指在现有的 4G 硬件设施基础上，实施 5G 网络的部署工作。

3GPP 还定义了 5G 网络的三大应用场景，如图 7-9 所示。

图 7-9　5G 网络的三大应用场景

(1) eMBB　eMBB 是 enhanced Mobile Broadband 的英文缩写，即**增强移动带宽**。eMBB 所追求的是用户或用户与用户之间的高质量的通信体验。连接到 5G 网络的每个用户的带宽需达到 1Gbit/s，满足用户观看超高清视频或进行虚拟现实和增强现实的需求。

(2) mMTC　mMTC 是 massive Machine Type of Communication 的英文缩写，即**海量机器类通信**。mMTC 所追求的是用户与物体之间的交互通信体验，它为那些低成本、低消耗的硬件设备提供了海量的连接方式。mMTC 可应用于大规模的物联网和智能网联技术上，使用较为常见的网络通信技术，如短距离通信技术和低功耗广域网通信技术。

(3) URLLC　URLLC 是 Ultra Reliable Low Latency Communications 的英文缩写，即**极可靠低延迟通信**。URLLC 所追求的是对机器远程控制的可靠性、安全性和低延迟性。

7.2.2　5G 网络的关键技术及在 V2X 中的应用

1. 5G 网络的关键技术

(1) 设备到设备的通信　D2D 是 Device to Device 的英文缩写，即设备到设备的通信。D2D 通信是指在一定距离范围内，设备之间的直接通信，如图 7-10 所示。

扫一扫

移动网络通信的发展历程及 5G 网络技术在 V2X 中的应用

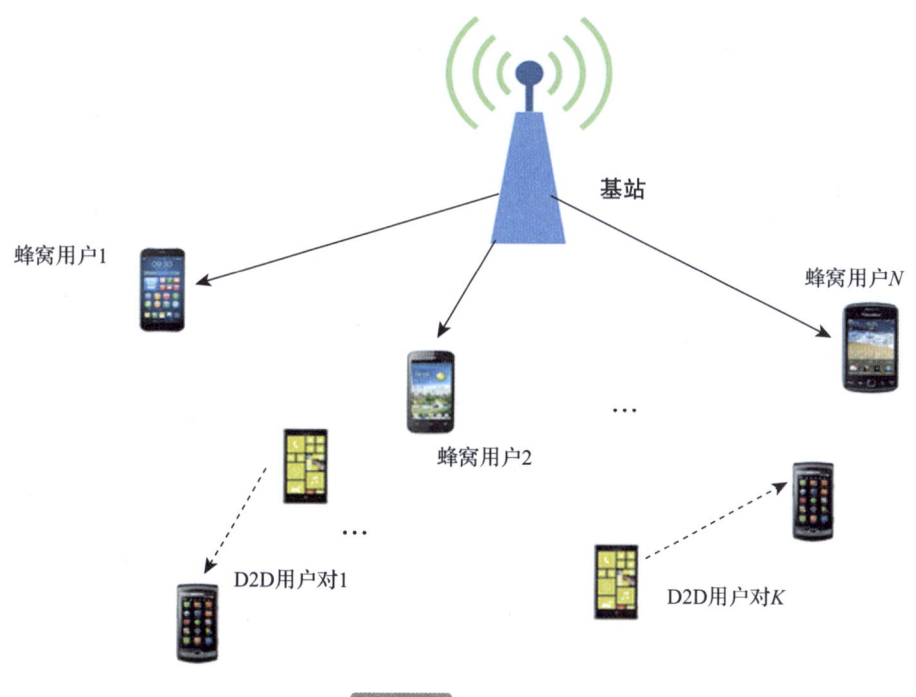

图 7-10　D2D 通信

5G 网络环境下使用 D2D 通信所具有的优势如下：

1）提高频谱使用效率。在 D2D 通信条件下，设备之间直接进行通信，一方面可以节省数据通过蜂窝基站进行中转所需的频率资源；另一方面，所有通过 D2D 进行连接的设备之间可以共享数据信息。

2）增强用户体验。在一定距离范围内，用户资源可以通过相互连接的设备进行资源共享。

3）拓展网络应用。可通过 D2D 通信技术，对传统网络进行业务拓展。

5G 网络环境下使用 D2D 通信，主要应用场景如下：

①本地业务，如用户资源的共享。

②应急通信，如自然灾害导致通信基础设施遭到破坏后，用户通过 D2D 技术仍可进行通信。

③物联网增强，如智能网联汽车的 V2X 功能。

（2）大规模输入输出技术　5G 网络环境下的大规模输入输出技术是指通过大规模天线阵列进行信号的发射和接收。

（3）高频段传输　由于 2G、3G、4G 网络通信频率都在 3GHz 以下，导致低频率的可用频段资源极为有限。所以 5G 网络的建设分为两大频谱，分别为低频段和高频段。低频段是指在 3GHz 以上且小于 6GHz 的频段，而高频段是指大于 30GHz 频段的毫米波移动通信技术。

（4）高密集组网　由于高频段导致网络覆盖面积减少，所以为了增加网络的覆盖范围，需要采用高密集度的组网建设方式。

2. 5G 网络在 V2X 中的应用

5G 支持大数据传输带宽、支持本地点对点通信，具有提高信息传输可靠性、极低延迟和容错性的优点，这为智能网联汽车的生态系统带来一系列优势。利用增加的数据传输能力，可以提高车辆运输的安全性，这包括在智能网联汽车之间共享传感器数据，使用宽带支持改善定位，以及为自动驾驶共享高精三维地图等。

基于 D2D 技术的 5G 网络将实现车辆与车辆、车辆与道路、车辆与行人、车辆与公共设施之间的多通道通信。5G 通信技术在智能网联汽车上的应用将解决目前网络资源有限的问题。

针对 V2X 的应用需求，5G 大容量传输可用于采集海量的道路环境数据或车辆与云端之间的环境感知数据传输。低延迟直接连接可以实现 V2X，即车辆与车辆、车辆与道路、车辆与人、人与道路的协同通信，解决通信数据安全和用户隐私信息保护问题，提高 V2X 通信的利用率。

在车辆组网应用场景中，车辆终端通过感知无线通信环境获取当前的频谱信息，快速接入空闲频谱，并与其他终端进行有效通信。动态频谱的接入提高了频谱资源的利用率。

5G 通信网络具有超庞大的网络容量，能为每个用户提供每秒千兆数据的速率。5G 网络下 V2V 通信的最大距离约为 1000m，为 V2X 通信提供高速下行和上行数据传输速率，以便提高车辆之间数据传输的及时性和准确性。为了扩大通信的覆盖范围，在进行超高密 5G 组网建设工作的同时，还可利用 5G 基站进行信号的中转。即使暂时没有 5G 网络信号，也可利用短距离通信技术进行 V2X 的通信工作，如在隧道内或偏远地段进行驾驶时。

智能网联汽车结合了大数据和通信技术，通过 5G 网络可实现车辆本身与外界物体的通信功能。车辆本身在实现智能化的前提下，可自动激活识别和被识别功能，主要包括自动开启环境感知功能、自动开启数据处理的决策功能、自动开启车辆的控制功能。

例如，转弯后，发现有一辆车停在路上。车辆通过摄像头和雷达等传感器可能会出现无法提前感知的情况，转弯后，即使立即做出决定和行动，也很难避免事故的发生。V2X 技术可以通过 D2D 通信网络的信息共享，当前车停放时，在一定范围内被其他车辆感知，从而提前采取更安全的决策控制行为。V2X 技术应用场景如图 7-11 所示。

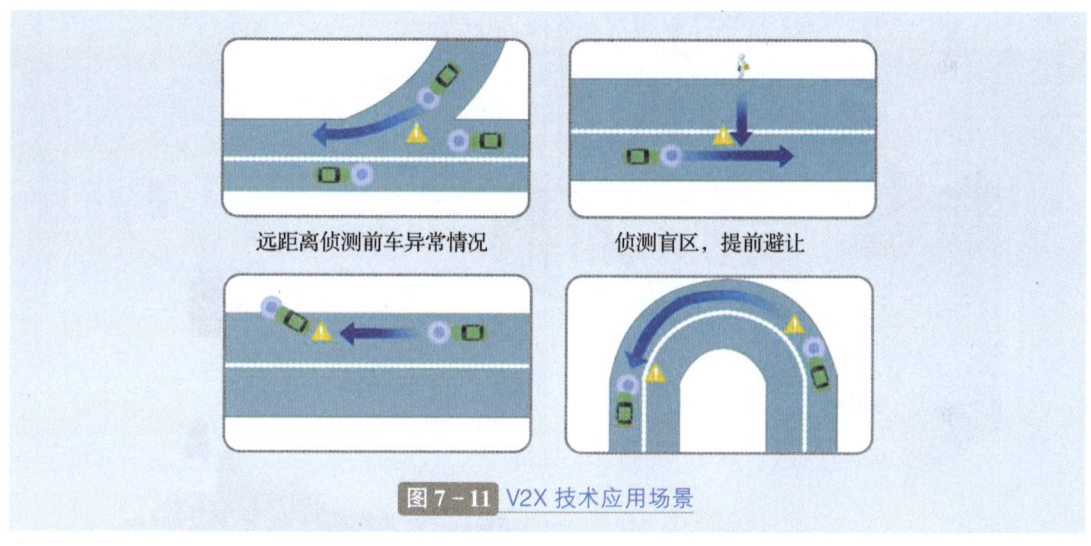

图 7-11 V2X 技术应用场景

智能网联汽车技术真正的难点是安全问题，5G 技术应用的真正目的其实就是解决车辆安全驾驶问题，以便最大限度地减少交通事故的发生，保护车辆数据安全，收集数据，集成数据，实现最大化的安全策略。

7.3 物联网无线通信技术

物联网无线通信技术是指车辆、硬件设备、家用电器、公共设施与电子产品、应用软件、控制器、传感器等,分别连接到互联网当中,并通过无线网络技术进行信息交换,如图7-12所示。

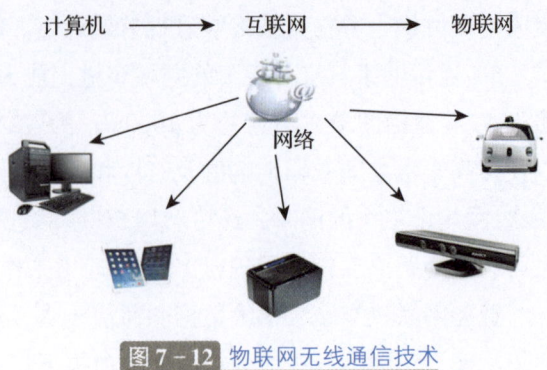

图7-12 物联网无线通信技术

无线网络通信是在移动网络通信技术的基础上建立而成的,无线网络与移动网络之间的关系如图7-13所示。无线网络通信技术按照连接方式,大致可以分为两类。一类是设备之间可以直接进行通信,不需要借助任何中间设备进行连接,如蓝牙通信技术和红外线通信技术等。另一类是设备之间进行通信时,需要借助中间设备进行连接,如Wi-Fi通信技术等。

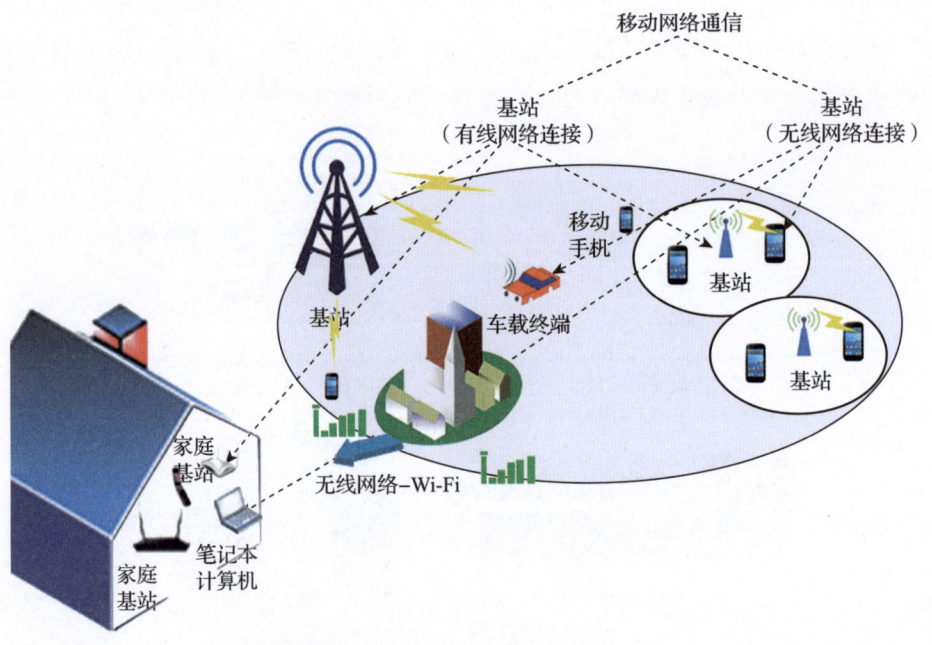

图7-13 无线网络和移动网络之间的关系

根据不同的需求,物联网无线通信技术大致可分为两类:短距离无线通信技术和低功耗广域网通信技术。

7.3.1 短距离无线通信技术

适用于物联网的短距离无线通信技术主要包括Wi-Fi、蓝牙、射频识别以及Zigbee等通信技术。

1. Wi-Fi 通信技术

Wi-Fi 是 Wireless Fidelity 的英文缩写，是无线局域网络认证标准。Wi-Fi 又称为 IEEE 802.11 标准，IEEE 802.11 标准是全球目前无线局域网的通用标准。最早的 IEEE 802.11 标准发表于 1997 年，标准中定义了 WLAN 的 MAC 层和物理地址标准。MAC 是 Media Access Control 的英文缩写，即媒介访问控制。MAC 地址又称局域网地址或以太网地址。MAC 地址是出厂时设定好的，不可以自行进行修改，具有唯一性的特点。目前常用的无线通信版本为 IEEE 802.11n、IEEE 802.11p、IEEE 802.11ac，而 IEEE 802.11p 是车用电子的无线通信标准。

Wi-Fi 通信的必要条件是无线路由器和具有无线网卡的硬件设备。Wi-Fi 通信技术的优势在于：无线电波覆盖范围较广，在室内最远覆盖距离可达 100m 左右，室外最远覆盖距离为 400m 左右；传输速率较高；无线数据传播模式。Wi-Fi 通信技术同时存在一定的缺点：安全性较低、易受干扰、功耗较高、组网能力低。

2. 蓝牙通信技术

蓝牙是一种适用于短距离范围内的无线通信标准。目前最新版本为蓝牙 5.4 标准，2023 年由蓝牙技术联盟提出。蓝牙的优点在于：功耗低、低延时、具有较高的安全性、有效范围内可无视障碍物进行连接。蓝牙的缺点在于：传输距离较短、传输速率不高。

3. 射频识别通信技术

RFID 是 Radio Frequency Identification 的英文缩写，即射频识别。射频识别技术在物联网应用中是一种较为常用的短距离通信技术，它通过无线电信号对目标物体进行自动识别以及数据信息的读取工作。RFID 通信由电子标签、读写器和应用软件三部分构成，如图 7-14 所示。

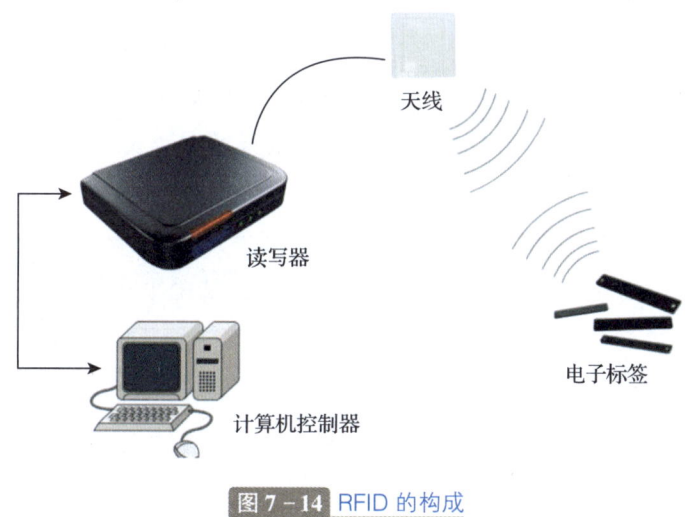

图 7-14 RFID 的构成

RFID 通信技术具有七大特性：RFID 通信具有超强的抗干扰性；RFID 电子标签具有相对较高的存储空间，最高可扩充至 1MB 以上；可通过编程技术对 RFID 电子标签的数据信息进行动态修改；具有较长的使用寿命；对障碍物的穿透能力较强；可对 RFID 产品设置密码，因此 RFID 通信技术具有较高的安全性；可同时对多个 RFID 产品进行快速扫描及数据信息的读取。

根据 RFID 技术的特性，可将 RFID 产品分为三大类：无源 RFID 产品、有源 RFID 产品和半有源 RFID 产品。

(1) 无源 RFID 产品　无源 RFID 产品本身不携带电池，因而无法自行激活，必须获取到从外部读写器发出的射频信号才能够将自身的电子标签激活，所以无源 RFID 产品只适用于近距离的通信。它的通信范围只能在 10m 以内。现在生活中很常见的饭卡、公交卡、门禁卡等都是无源 RFID 产品。

(2) 有源 RFID 产品　有源 RFID 产品自身配有电池，无须使用外部读写器获取射频信号就可自主激活。相对无源 RFID 产品而言，有源 RFID 产品具有较远距离识别功能，最大识别范围可超过百米。目前有源 RFID 产品已经广泛应用于物联网系统中，如智慧停车场、智慧交通、智慧农场等领域。

(3) 半有源 RFID 产品　半有源 RFID 产品采用低频率激活技术，有效地结合了有源 RFID 和无源 RFID 的工作特点。半有源 RFID 产品的工作方式较为特殊，只有在它进入低频信号激活范围时，才被激活使用，其他时间都处于休眠状态或数据上传状态，不会主动向外界发出射频信号。常见的应用有违章摄像头、交通监视器等。

相对于其他短距离通信技术而言，RFID 通信技术存在的缺点是通信成本偏高、涉及隐私泄露问题、面对金属物体和有水环境时易受到干扰、没有统一的行业标准规范。

4. Zigbee 通信技术

Zigbee 又称"紫蜂协议"，该技术是一种小范围、低功耗、低速率、低成本的无线自组织网络技术。Zigbee 是基于 IEEE 802.15.4 标准的局域网协议，它所应用的领域范围为自动化领域和远程控制领域。

Zigbee 协议框架总体上来说由两部分构成，一部分是 IEEE 802.15.4 定义的底层标准协议，另一部分是由 Zigbee 联盟在 IEEE 802.15.4 的基础上进行扩充的标准协议，如图 7-15 所示。IEEE 802.15.4 标准中有两种物理层。第一种是 869/915MHz 的物理层，其传输速率较低，分别为 20kbit/s 和 40kbit/s；第二种是 2.4GHz 的物理层，其传输速率相对较高，为 250kbit/s。

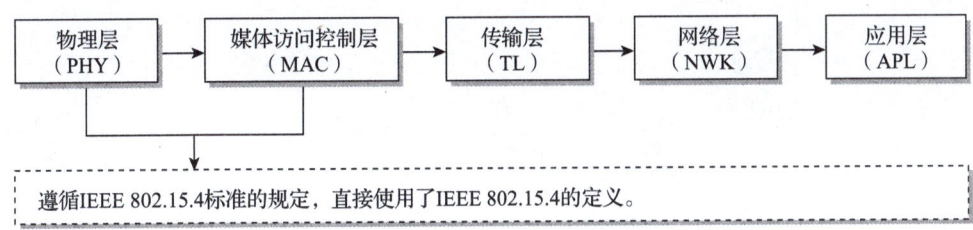

图 7-15 Zigbee 协议框架

Zigbee 通信技术中的网络节点按照功能可分为协调器、路由器和终端设备，如图 7-16 所示。其中，协调器的作用为：

①为每个设备都分配一个唯一的网络地址。

②为整个网络选择一个唯一的 16 位 PAN ID。PAN 是 Personal Area Network 的英文缩写，即个人局域网。个人局域网是电子设备与通信设备之间进行通信的网络。通过个人局域网 ID，就可使网络连接中的各个设备相互间进行通信。

③对网络中传输的数据信息进行初始化、转发和终止服务。

路由器的作用如下：

①允许新加入设备来扩充网络覆盖范围。

②可为休眠状态的终端保存数据信息。

终端设备的作用主要是对无线网络中的数据信息进行采集。

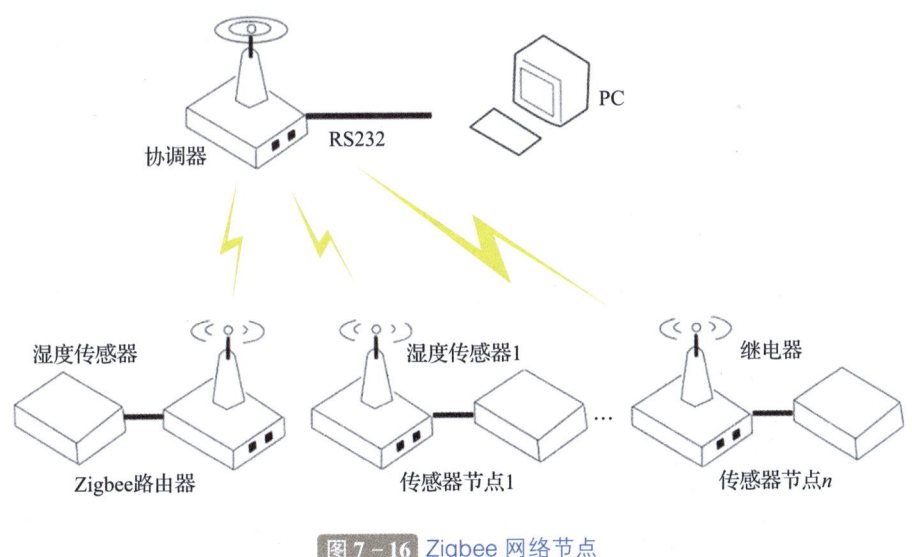

图 7-16 Zigbee 网络节点

Zigbee 按照网络拓扑结构，可以分为星状网络、树状网络和网状网络，如图 7-17 所示。

智能网联汽车技术概论

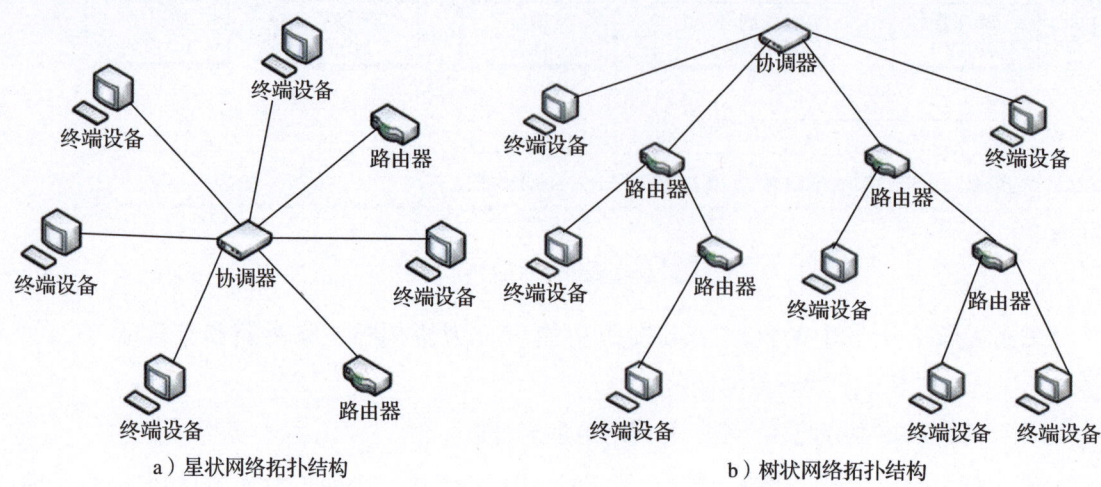

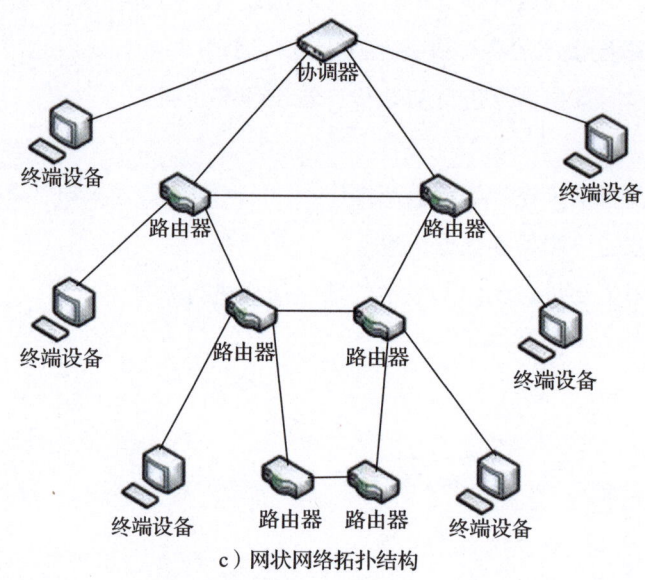

图 7-17 Zigbee 的网络拓扑结构

7.3.2 低功耗广域网通信技术

LPWAN 是 Low-Power Wide-Area Network 的英文缩写，即低功耗广域网络。LPWAN 技术在物联网中应用可实现大范围网络覆盖。LPWAN 技术具有低带宽、低功耗、远距离、海量连接的特点。LPWAN 技术可分为两类，一类是在未获得授权频段下使用的技术，如 LoRa 通信技术；另一类是在授权频段下使用的技术，如 NB-IoT 通信技术。

1. LoRa 通信技术

LoRa 是 Long Range 的英文缩写，即远距离大范围无线通信，又称为劳拉。LoRa 通信技术在物联网行业中被广泛应用。LoRa 主要在 ISM 频段中应用。ISM 是 Industrial Scientific Medical 的英文缩写，即工业的、科学的、医学的。ISM 中的频段只对工业、科学以及医学机构开放，其最大的特点就是无须进行授权或缴纳任何费用。

LoRaWAN 是 Long Range Wide Area Network 的英文缩写，即 LoRa 广域网标准。LoRaWAN 属于开放式标准，它规范了 LoRa 技术在 LPWAN 中的通信协议。

LoRa 网络由 LoRa 终端设备、基站、应用服务器和云服务器构成，如图 7-18 所示。

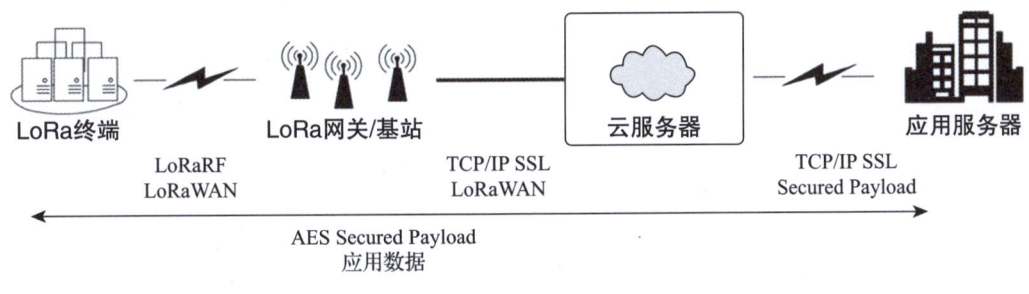

图 7-18 LoRa 网络的构成

LoRa 通信技术的特点是：远距离通信，最远可达 20km；低功耗；多节点，网络节点可达十万级。LoRa 通信技术面临的挑战有：频段易受到干扰，增大了网络部署的难度；需重新建设网络信号塔和基站。

2. NB-IoT 通信技术

NB-IoT 是 Narrow Band Internet of Things 的英文缩写，即窄带物联网技术。NB-IoT 构建于蜂窝网络，只消耗大约 180kHz 的带宽，可直接部署于 GSM 网络、UMTS 网络或 LTE 网络，以降低部署成本、实现平滑升级。NB-IoT 通信技术属于物联网领域的一种新技术，它具有广覆盖、低成本、低功耗、支持海量连接等特点。从应用开发角度来看，NB-IoT 应用架构由 NB-IoT 终端、NB-IoT 信息邮局、NB-IoT 人机交互系统三部分组成，如图 7-19 所示。

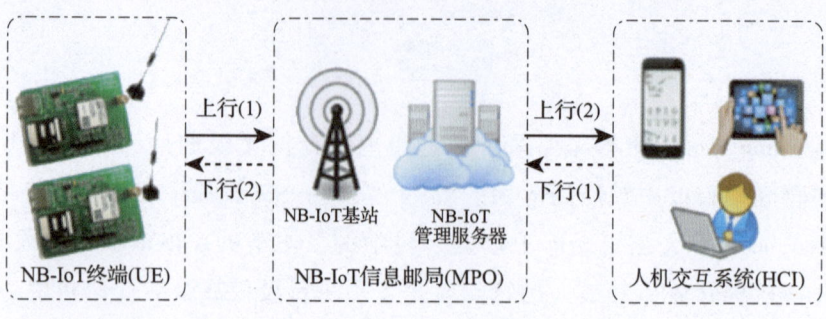

图 7-19　NB-IoT 的应用架构

LoRa 通信技术与 NB-IoT 通信技术重要参数之间的数据对比见表 7-2。

表 7-2　NB-IoT 与 LoRa 的参数对比

技术参数	NB-IoT	LoRa
技术特点	蜂窝网络	线性扩频
网络部署	可复用现有蜂窝基站	需重新建设信号塔和基站
使用频段	运营商频段	ISM 频段
传输距离	远距离	1～20km
速率	小于 200kbit/s	0.3～50kbit/s
连接数量	每小区 20 万个连接	每基站 20～30 万个连接
终端电池持续工作时间	约 10 年	约 10 年
终端设备中模块的成本	40～100 元人民币	10～50 元人民币

7.3.3　物联网无线通信技术在智能网联汽车中的应用

智能网联汽车是物联网应用中的一个重要领域。智能网联汽车将导航系统、终端系统以及多种传感器设备通过无线网络技术进行连接，并最终实现车与车、车与公共设施、车与人、车与路、车与云平台之间的信息交换。

车辆在行驶过程中需要进行快速位移活动，因此对网络数据信息的实时性有着较高的要求。所以说，建设一个低延迟、覆盖广、多连接的无线通信网络，是实现并普及智能网联汽车的关键环节。

采用物联网无线通信技术实现智能网联汽车 V2X 功能的优势在于：继承移动网络的全部优点；根据硬件设备或需求的不同，可采用多种技术进行组合应用；低功耗；覆盖范围广。

物联网无线通信技术在智能网联汽车中的应用，可表现为以下几个方面。

① 智能网联汽车在行驶过程中遇到前方出现紧急情况时，可通过蓝牙通信技术向驾驶人发出提示信息。
② 智能网联汽车在行驶过程中突然发生故障时，可以有两种解决办法。第一种解决方案是通过 Wi-Fi 通信技术，使用车辆终端系统向服务器平台发送支援请求。第二种解决方案是通过 Zigbee 网络技术向附近车辆发出支援请求。
③ 智能网联汽车在自动驾驶中，可通过射频识别技术获取前方道路信息并对行驶方向进行控制与调整。
④ 可通过 LaRo 和 NB-IoT 通信技术，打造车与车、车与路、车与互联网的低功耗广域网络。

随着移动网络通信技术和物联网无线通信技术在汽车中的应用，智能网联汽车的 V2X 功能将全面实现。

思 考 题

本章的学习目标你已经达成了吗？请通过思考以下问题的答案进行结果检验。

序 号	问 题	自检结果
1	智能网联汽车 V2X 主要包括哪些具体功能？	
2	实现智能网联汽车 V2X 功能的网络通信技术有哪些？	
3	5G 网络有哪些应用场景？	
4	5G 网络有哪些关键技术？	
5	5G 网络在 V2X 中有哪些具体的应用？	
6	物联网短距离无线通信技术有哪些？它们的特点分别是什么？	
7	物联网低功耗广域网通信技术有哪些？它们有何区别？	
8	采用物联网无线通信技术实现 V2X 功能的优势是什么？	
9	物联网无线通信技术在智能网联汽车中有哪些具体应用？	

第8章 ADAS 与智能网联汽车的应用

学习目标
1. 掌握ADAS的含义
2. 熟悉ADAS预警类辅助驾驶系统的组成和主要功能
3. 熟悉ADAS控制类辅助驾驶系统的组成和主要功能
4. 熟悉当前智能网联汽车的应用车型及自动驾驶功能

前面几章介绍了智能网联汽车实现智能驾驶功能所涉及的环境感知、路径规划、行为决策、执行控制及车联网技术，本章将介绍高级驾驶辅助系统和智能网联汽车的实际应用。

8.1 高级驾驶辅助系统及应用

ADAS 是 Advanced Driver Assistance Systems 的缩写，意为高级驾驶辅助系统。全国汽车标准化技术委员会将 ADAS 定义为利用安装在车辆上的传感、通信、决策及执行等装置，监测驾驶人、车辆及其行驶环境，并通过影像、灯光、声音、触觉提示/警告或控制等方式辅助驾驶人执行驾驶任务，或主动避免/减轻碰撞危害的各类系统的总称。ADAS 具有更快捷的主动安全技术信息处理，使驾驶人能够在尽可能短的时间内发现可能发生的危险，以引起注意并提高安全意识。ADAS 中使用摄像头、毫米波雷达、激光雷达和超声波雷达等传感器，可以检测光、热、压力或其他外部环境的变量。

早期 ADAS 技术主要基于被动预警，当车辆检测到潜在危险时，提醒驾驶人注意异常车辆或道路状况。ADAS 包含了许多不同的辅助驾驶技术，例如自适应巡航（ACC）、自动紧急制动（AEB）、交通标志识别（TSR）、盲区监测（BSD）、变道辅助（LCA）、车道偏离预警（LDW）等。

ADAS 应用技术还包括算法和软件，以及人机界面的交互（视觉、听觉、触觉反馈），算法和软件技术可以对传感器获得的数据进行处理和分析，以获得汽车周围环境行为意识

(例如其他车辆的技术动作轨迹等),并对交通状况进行分类。通过检测目标物体,驾驶人可以及时得到通知或警告,提醒驾驶人及时做出反应。

ADAS 有两条技术路线。

第一条技术路线是从预警系统到干预系统的升级,如图 8-1 所示。ADAS 目前的主要职责是在紧急情况下提醒驾驶人,如盲点检测系统。未来,该系统将发展成一个干预系统,在有限的条件下控制汽车。例如,摄像系统将使车道偏离预警系统发展到车道控制系统。

第二条技术路线是将主动安全与被动安全系统相结合。目前,碰撞中的被动安全系统独立于主动安全,如安全气囊和预收缩安全带。它们之间没有相互联系,如果进行系统集成可实现协作功能,例如车载激光雷达、毫米波雷达或视频传感器监测到不可避免的碰撞时,可以提前给出信号到安全气囊控制单元做好安全气囊弹出预备,以减少对人员的伤害。

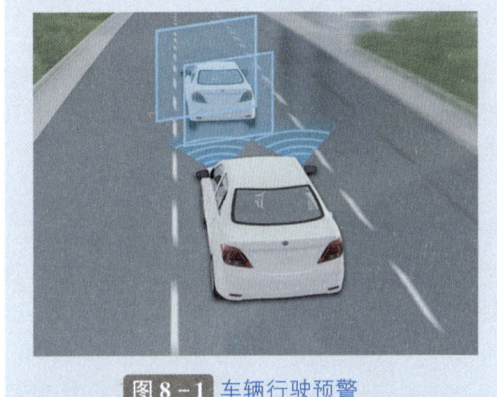

图 8-1 车辆行驶预警

从对驾驶人辅助方式的角度,ADAS 可以分为预警类辅助驾驶系统和控制类辅助驾驶系统两个部分。

(1) 预警类辅助驾驶系统 在预警类辅助驾驶系统中,车辆识别是一个先决条件,通常使用后视摄像头、前视摄像头、雷达等传感器来实现。

1) 后视摄像头。后视摄像头如图 8-2 所示。后视摄像头系统有助于驾驶人识别车后的物体或人,从而确保安全地倒车、停车。摄像头通过非屏蔽双绞线实现高速以太网连接和视频压缩,在本地分析视频内容,以便进行物体和行人检测,并支持全面的本地图像处理和图形覆盖创建,以此来测量物体距离并触发制动干预。

2) 前视摄像头。前视摄像头如图 8-3 所示。高级驾驶辅助系统中的摄像头系统可以分析视频内容,以提供车道偏离预警(LDW)、自动车道保持辅助(LKA)、远光/近光控制和交通标志识别(TSR)等功能。前视摄像头能够监控图像信息,如前面物体的大小和形状,主要用于监控其他道路使用者、交通信号和道路标志。

图 8-2 后视摄像头　　　　　　　　　图 8-3 前视摄像头

3）传感器。在 ADAS 中使用了大量的传感器，这些传感器主要包括短程、中程、远程监测传感器等。图 8-4 是工作频率为 40kHz 的短程超声波传感器，主要用于停车辅助功能。

77GHz 毫米波雷达传感器如图 8-5 所示，它支持自适应巡航控制、碰撞保护和碰撞警告系统，可以检测和跟踪目标，根据前方交通状况自动调整车速，控制与前车的距离，在即将发生碰撞的情况下提醒驾驶人，并启动紧急制动干预。

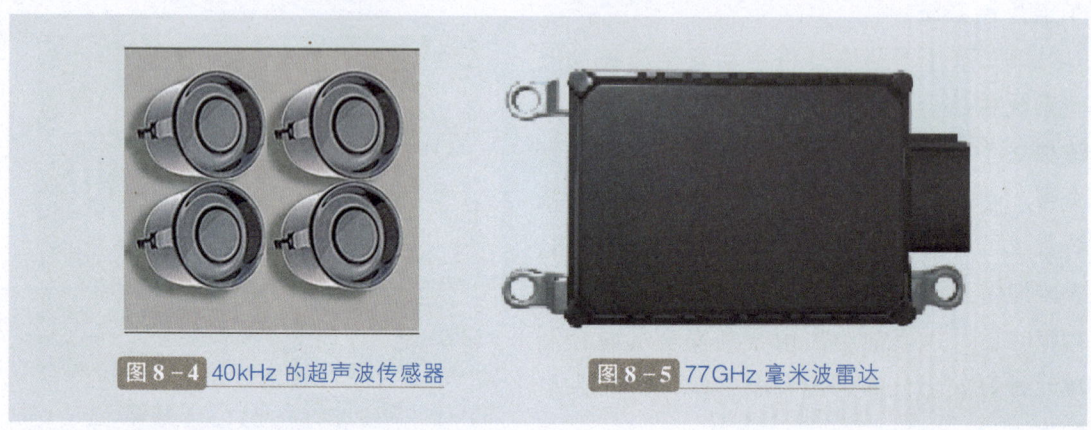

图 8-4 40kHz 的超声波传感器　　　图 8-5 77GHz 毫米波雷达

不同传感器所感知到的环境数据可以相互融合，以增加预警系统的探测与识别能力，例如，将摄像头和电子地图的信息结合起来，可以提高交通识别系统的识别率。预警系统可以实现的主要功能见表 8-1。

表 8-1 ADAS 预警类辅助驾驶系统的主要功能

序号	主要功能	英文简称	功能相关介绍
1	驾驶人疲劳监测	DFM	实时监测驾驶人状态，并在确认其疲劳时发出提示信息
2	驾驶人注意力监测	DAM	实时监测驾驶人状态，并在其注意力分散时发出提示信息
3	车辆检测	VD	在仅基于视觉的模式下，VD 能检测 70m 远的车辆，并能持续跟踪到 100m 外。但在大雾、极端天气及摄像头被阻挡的情况下，VD 是不可用的，但能提示用户设备不可用
4	交通标志识别	TSR	TSR 能识别路上的交通标志牌（如限速标志），包括固定或非固定的 LED 标志。这些信息还可以与导航地图信息相融合，提供更精确的信息。技术要点主要在于图像处理以及标志结构信息的提取与识别
5	智能限速提醒	ISLI	自动获取车辆当前条件下所应遵守的限速信息并实时监测车辆行驶速度，当车辆行驶速度不符合或即将超出限速范围的情况下适时发出警告信息
6	弯道速度预警	CSW	对车辆状态和前方弯道进行监测，当行驶速度超过通过弯道的安全车速时发出警告信息

(续)

序号	主要功能	英文简称	功能相关介绍
7	抬头显示	HUD	将信息显示在驾驶人正常驾驶时的视野范围内,使驾驶人不必低头就可以看到相应的信息
8	全景影像监测	AVM	向驾驶人提供车辆周围360°范围内环境的实时影像信息。全景影像系统一般需要四个以上鱼眼摄像头,能看到车辆四周的所有状况。技术上需要对摄像头进行标定,对图像进行配准、拼接,以及车辆自身的虚拟实现、模拟车辆状态等
9	夜视	NV	在夜间或其他弱光行驶环境中为驾驶人提供视觉辅助或警告信息
10	行人检测	PED	PED要区分出走路的人和静止的人,并给出行人的位置和速度,如果行人在车辆行驶路线上,还要给出重点提示及碰撞时间。现实中,人有走、跑、带着东西、推车等形态和动作,PED要能处理这些状况,特别是人群检测,为避免重大事故,PED要给出额外的提醒。检测人行道、行人的动作和姿势,对汽车行驶的安全也有重要意义
11	前向车距监测	FDM	实时监测本车与前方车辆车距,并以空间或时间距离显示车距信息
12	前向碰撞预警	FCW	实时监测车辆前方行驶环境,并在可能发生前向碰撞危险时发出警告信息。车祸的发生,大都是因为驾驶人来不及反应,或无警告。而FCW能在碰撞前2~3s给出警告,以避免车祸发生。因此,FCW要检测出前方车辆或行人的距离及相对速度
13	后向碰撞预警	RCW	实时监测车辆后方环境,并在可能受到后方碰撞时发出警告信息
14	车道偏离预警	LDW	实时监测车辆在本车道的行驶状态,并在出现或即将出现非驾驶意愿的车道偏离时发出警告信息
15	变道碰撞预警	LCW	在车辆变道过程中,实时监测相邻车道,并在车辆侧/后方出现可能与本车发生碰撞危险的其他道路使用者时发出警告信息
16	盲区监测	BSD	实时监测驾驶人视野盲区,并在其盲区内出现其他道路使用者时发出提示或警告信息
17	侧面盲区监测	SBSD	实时监测驾驶人视野的侧/后方盲区,并在其盲区内出现其他道路使用者时发出提示或警告信息
18	转向盲区监测	STBSD	在车辆转向过程中,实时监测驾驶人转向盲区,并在其盲区内出现其他道路使用者时发出警告信息

(续)

序号	主要功能	英文简称	功能相关介绍
19	后方交通穿行提示	RCTA	在车辆倒车时,实时监测车辆后部横向接近的其他道路使用者,并在可能发生碰撞危险时发出警告信息
20	前方交通穿行提示	FCTA	在车辆低速前进时,实时监测车辆前部横向接近的其他道路使用者,并在可能发生碰撞危险时发出警告信息
21	车门开启预警	DOW	在停车状态即将开启车门时,监测车辆侧后方的其他道路使用者,并在可能因车门开启而发生碰撞危险时发出警告信息
22	倒车环境辅助	RCA	在车辆倒车时,实时监测车辆后部环境,并为驾驶人提供影像或警告信息
23	低速行车环境辅助	MALSO	在车辆泊车或低速通过狭窄通道时,探测其周围障碍物,并当车辆靠近障碍物时发出警告信息

(2)控制类辅助驾驶系统 控制类辅助驾驶系统主要由GPS和摄像头检测模块、通信模块和控制模块组成。其中,GPS和摄像头检测模块通过GPS接收机接收GPS卫星信号,获取车辆的经纬度坐标、速度、时间等信息,并利用安装在车辆前后的摄像头实时观察道路两侧的情况。通信模块可以在相互靠近的车辆之间实时传输检测到的相关信息和驾驶信息,控制模块可以在发生事故时主动控制,从而避免发生事故。

1)GPS模块和摄像头检测模块。GPS模块如图8-6所示。在汽车行驶过程中,驾驶人在转弯时会产生一个视距盲区。为了减少视距盲区,驾驶辅助系统利用GPS和摄像头检测模块获取车辆的驾驶数据,包括车辆的位置和速度、接近距离等。为了反映车辆之间的距离信息,将地理信息系统(GIS)中的道路信息集成到GPS定位数据系统中,形成一个融合的GPS信息系统。

安装在汽车侧面的摄像头是"盲区探测器",用于实时观察道路两侧的情况。前摄像头可以检测转弯后的路况,判断是否有车辆接近。后摄像头可以看到后车的行驶情况,判断车辆是否影响本车的转弯和超车等。

2)通信模块。驾驶辅助系统依靠车辆之间的状态信息进行相互通信和监控驾驶状态,从而保护驾驶安全,包括调整驾驶状态和避免恶性碰撞。目前,传统的驾驶辅助系统可以向驾驶人发出危险情况的警告,但不能自行制定预防措施,而利用通信手段可以弥补这一缺陷。使用即时网络通信传输的信息主要有两种。

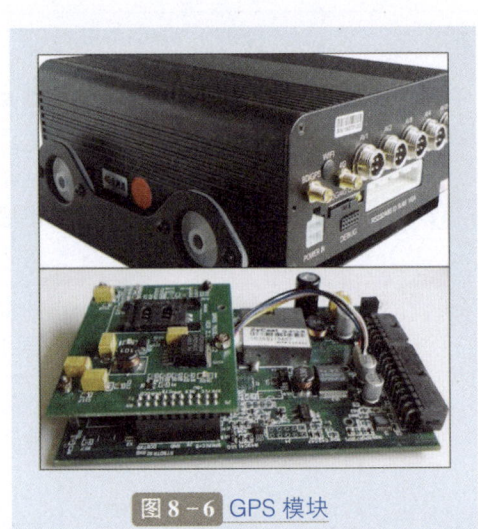

图8-6 GPS模块

① GPS 和摄像头获取的状态信息以及车辆位置、行驶速度、制动力矩等传感信息。这些状态信息每秒大约传输 5~50 次。

② 危险情况警告信息。与定期发送的信息不同，这些警告信息可能来自通信范围内的通信车辆。由于节点距离较远，因此需要多跳传输，只有在发生危险情况时才会发送此信息。

3) 控制模块。车辆控制模块如图 8-7 所示，它是车辆控制的核心。控制模块根据输入信号判断车辆的当前状态，经过一定的控制逻辑和控制算法，确定各子系统当前控制信号的大小。

车辆控制模块根据驾驶人踩踏制动踏板的状态和当前车速计算所需的机械制动力矩值，以获得机械制动系统的制动指令等，这些控制作用提高了驾驶辅助系统的可靠性与安全性。整车控制模块（VCU）通过 CAN 总线对网络信息进行管理、调度、分析和运算，实现整车优化控制和网络管理等功能。控制类辅助驾驶系统主要功能见表 8-2。

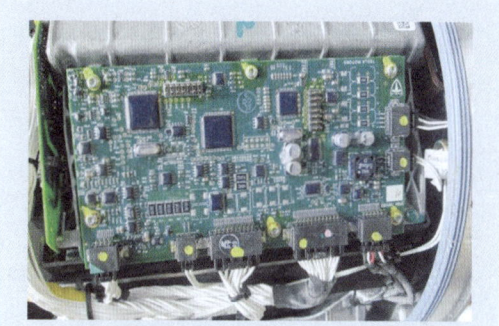

图 8-7 车辆控制模块

表 8-2 ADAS 控制类辅助驾驶系统主要功能

序号	主要功能	英文简称	功能相关介绍
1	自动紧急制动	AEB	实时监测车辆前方行驶环境，并在可能发生碰撞危险时自动启动车辆制动系统使车辆减速，以避免碰撞或减轻碰撞后果
2	紧急制动辅助	EBA	实时监测车辆前方行驶环境，在可能发生碰撞危险时提前采取措施以减少制动响应时间，并在驾驶人采取制动操作时辅助增加制动压力，以避免碰撞或减轻碰撞后果
3	自动紧急转向	AES	实时监测车辆前方和侧方行驶环境，在可能发生碰撞危险时自动控制车辆转向，以避免碰撞或减轻碰撞后果
4	紧急转向辅助	ESA	实时监测车辆前方和侧方行驶环境，在可能发生碰撞危险且驾驶人有明确的转向意图时，辅助驾驶人进行转向操作
5	智能限速控制	ISLC	自动获取车辆当前条件下所应遵守的限速信息并实时监测车辆行驶速度，辅助驾驶人控制车辆行驶速度，以使其保持在限速范围之内
6	车道保持辅助	LKA	实时监测车辆与车道线的相对位置，持续或在必要情况下介入车辆横向运动控制，使车辆保持在原车道内行驶
7	车道居中控制	LCC	在车辆行驶过程中，持续自动控制车辆横向运动，使车辆始终在车道中央区域内行驶

（续）

序号	主要功能	英文简称	功能相关介绍
8	车道偏离抑制	LDP	实时监测车辆与车道线的相对位置，在其将要超出车道线时介入车辆横向运动控制，以辅助驾驶人将车辆保持在原车道内行驶
9	智能泊车辅助	IPA	在车辆泊车时，自动检测泊车空间并为驾驶人提供泊车指示和/或方向控制等辅助功能
10	增强现实导航	AR NAVI	AR NAVI 将普通导航仪与摄像头结合，不仅用前向摄像头将车前的路况记录下来，而且可根据导航地图的信息，在视频上画出虚拟线路箭头，显示导航相关信息。若 AR NAVI 与 PED、VD、LDW 等应用结合，则其功能会得到进一步增强
11	自适应巡航控制	ACC	实时监测车辆前方行驶环境，在设定的速度范围内自动调整行驶速度，以适应前方车辆和/或道路条件等引起的驾驶环境变化。ACC 一般都基于雷达或激光技术，也可以基于视觉/摄像头技术
12	全速自适应巡航控制	FSRA	实时监测车辆前方行驶环境，在设定的速度范围内自动调整行驶速度并具有减速至停止及从停止状态起步的功能，以适应前方车辆和/或道路条件等引起的驾驶环境变化
13	交通拥堵辅助	TJA	在车辆低速通过交通拥堵路段时，实时监测车辆前方及相邻车道行驶环境，经驾驶人确认后自动对车辆进行横向和纵向控制
14	加速踏板防误踩	AMAP	车辆起步或低速行驶时，因驾驶人误踩加速踏板产生紧急加速而可能与周边障碍物或人发生碰撞时，自动抑制车辆加速
15	酒精闭锁	AIL	在车辆起动前测试驾驶人体内酒精含量，并在酒精含量超标时锁闭车辆动力系统开关
16	自适应远光灯	ADB	能够自适应地调整车辆远光灯的投射范围，以减少对前方或对向其他车辆驾驶人的眩目干扰
17	自适应前照灯	AFL	能够自动进行近光灯或远光灯控制或切换，从而为适应车辆各种使用环境提供不同类型的光束
18	远光自动控制	IHC	IHC 要考虑两种情况：迎面开来的车与前方同向行驶的车。对于迎面开来的车，在一定距离时，如 800~1000m，识别出其前照灯，就将远光灯改为近光灯，而等交会过后，恢复远光灯。对于前方同向行驶的车，可以识别其尾灯，在接近一定距离时，将远光灯改为近光灯。同理，也可以由近光灯改为远光灯

8.2 智能网联汽车的应用

从驾驶辅助到自动驾驶是第一次改变，从自动驾驶到无人驾驶是第二次改变。从无人驾驶到人车协同共驾是汽车驾驶的最高目标。汽车的智能化与网联化技术发展的终极目的是实现真正的无人驾驶，也就是完全的自动驾驶——驾驶完全交给无人驾驶系统。无人驾驶车辆中可能只有一个起动/停止按钮，没有转向盘、加速踏板、制动踏板、离合器踏板，在行驶时根本不需要驾驶人去踩加速踏板或踩制动踏板，不需要转向盘来操控汽车的方向，只要告诉汽车要到什么地方，车辆会自动起动将你送到目的地，至于如何去，开多快的速度，所有决策都是汽车自己来决定，并且汽车还能与你一起交流一些你感兴趣的话题。自动驾驶不仅仅是算法，它是一套超级复杂的系统工程，要考虑可靠性、安全性。在目前技术水平下实现无人驾驶技术，还有许多工作要做，主要包括高精度的地图定位、强大的认知算法，以及软件架构的安全性保障等。在人机协同共驾的层次里，汽车与人的关系也会更加融洽，汽车就是一个人工智能机器人，最终实现汽车与人的思维和行为意识的互动以及语言的交流。

1. 自动驾驶出租车

自动驾驶出租车市场正在逐渐兴起，主要参与者包括百度、文远知行、小马智行、Waymo、智行者等知名企业。

2023 年 3 月，百度"萝卜快跑"首批在京开展全无人自动驾驶示范应用，是全球首个在首都城市实现全无人车队示范的平台。2023 年 6 月，百度旗下自动驾驶服务平台"萝卜快跑"在深圳坪山区开展 L4 级无人驾驶商业化收费运营。

智行者与 T3 出行签署战略合作协议，推出"自动驾驶+正常驾驶"Robotaxi 新模式，实现苏州百台规模的 Robotaxi 车队常态化运营。

Waymo 于 2022 年 11 月获得加州公用事业委员会许可，可向公众开放全自动驾驶汽车服务，支持多语言叫车 APP，呈现大规模商业化可能。Waymo 和 Cruise 在 2023 年 8 月获得加州公用事业委员会批准，允许在旧金山提供全天候无人驾驶出租车收费服务。

注：此段主要参考《高级别自动驾驶应用白皮书》。

2. 自动配送车

自动配送车市场正迅速成长。美团拥有全技术栈研发能力，以自研 L4 级自动驾驶技术为核心，实现全天候、多场景应用。众多车企方也积极介入，比亚迪与 Nuro 合作开发第三代电动自动驾驶配送车型；东风集团推出 Sharing Box；毫末智行发布价格亲民的小魔驼，聚焦 B2B 场景向物流公司和外卖平台销售。这一领域迎来多方竞争，各企业致力于技术创新与成本降低，预示着自动配送车将逐步走向规模化商业应用。

3. 自动驾驶货车

自动驾驶货车领域的初创公司如图森未来、赢彻科技、智加科技、主线科技正积极进行道路测试，并与整车厂、Tier1、芯片商紧密合作，成为物流公司的重要投资领域。同时，主流汽车制造商奔驰、沃尔沃、特斯拉也在自动驾驶货车研发上进行不懈努力。奔驰早在2014年就展示了概念货车Future Truck 2025，目前戴姆勒正致力于研发L4级"高度自动驾驶"货车技术。国内一汽解放、上汽红岩、中国重汽等整车企业从底盘和车辆供应方面进入市场，同时积极与初创公司合作，为未来重卡市场打下基础。

4. 矿山场景自动驾驶

矿山自动驾驶市场主要集中在运输无人化领域，慧拓智能、踏歌智行、易控智驾、路凯智行等本土企业在该场景中占据主导地位。如易控智驾采用"技术+运营"双轮驱动模式，通过矿区无人驾驶全栈技术方案实现标准化、高效运力的无人驾驶系统。据测算，其无人驾驶系统整体效率相较有人驾驶可提高70%~80%。

5. 港口场景自动驾驶

港口引入自动驾驶技术，主要集中在新建或者扩展港口。该场景运输自动化解决方案主要有自动导引运输车（AGV）、无人跨运车（ASC）和无人驾驶集卡。近年来，随着国家推动智慧港口建设，港口智能化、无人化转型加速，无人驾驶技术的应用也更加成熟。目前，主线科技、西井科技、斯年智驾等均针对港口自动驾驶领域进行了相关布局，并面向港口物流枢纽提供了无人驾驶运输解决方案。

注：此段主要参考《高级别自动驾驶应用白皮书》。

思考题

本章的学习目标你已经达成了吗？请通过思考以下问题的答案进行结果检验。

序号	问题	自检结果
1	ADAS的含义是什么？	
2	ADAS的技术路线是什么？	
3	ADAS预警系统的组成和主要功能是什么？	
4	ADAS驾驶辅助系统的组成和主要功能是什么？	
5	目前智能网联汽车都有哪些具体的应用？	

第9章 智能网联汽车的操作系统与应用平台简介

学习目标

1. 了解Linux操作系统的特点及其在智能网联汽车中的应用
2. 了解ROS的特点及其在智能网联汽车中的应用
3. 了解Gazebo的特点及其在智能网联汽车中的应用

本章简要介绍几种常用的智能网联汽车学习与开发平台,包括 Linux 操作系统、机器人操作系统(ROS)和虚拟仿真工具 Gazebo,具体的应用方法请参考其他图书的详细介绍。

9.1 智能网联汽车的操作系统——Linux

Linux 系统不仅是当前使用广泛的 PC 端操作系统,同时它在移动端领域中也担当着重要角色,这是因为 Android 系统是在 Linux 内核基础上进一步研发而成的。支持 Linux 系统的汽车生产厂家主要有捷豹路虎、本田、日产等,支持 Linux 系统的车内电子设备厂家有 ATS、富士通、哈曼、英特尔、LG、NEC、松下、三星等。

扫一扫

Linux 系统的介绍及适用于智能网联汽车中的优势

目前常用的 Linux 发行版本主要为 Ubuntu、Red Hat、CentOS、Debian、Fedora Core、SuSE、Gentoo、Arch、Kali、Slackware 等。

Linux 内核是 Linux 操作系统的核心,包括内核的抽象和对硬件资源的间接访问,Linux 以统一的方式支持多任务处理。此方法对用户进程和每个进程都是透明的,内核同时运行多个进程,允许多个进程公平合理地使用硬件资源,减少进程间的相互干扰。Linux 内核由进程调度、内存管理、虚拟文件系统、网络接口和进程之间的通信五个子系统构成。

(1)进程调度 进程是系统在运行程序时,该程序实时所获得的资源分配以及优先级的调度情况。每个程序至少都包含一个进程。Linux 内核中进程调度就是实时处理各个进程之间的优先级关系,根据进程的优先级来决定该进程的运行状态。进程调度也是其余四个子系统的枢纽，它们之间的关系如图 9-1 所示。

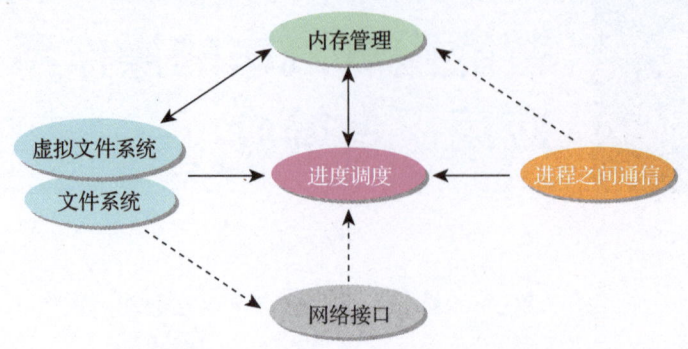

图 9-1　进程调度与其余子系统之间的关系

（2）内存管理　内存管理就是控制系统中正在运行进程之间的内存共享区域。

（3）虚拟文件系统　Linux 系统有两大基本思想，一切皆文件和要明确各个软件的用途。Linux 系统把文件、目录、设备、套接字都定义成文件。它们虽然属于不同的类型，但是 Linux 系统却为它们提供了统一的文件访问接口。

（4）网络接口　网络接口为 Linux 系统在网络通信过程中提供了对网络协议标准的存取和网络硬件的支持。

（5）进程之间的通信　Linux 系统支持进程之间的相互通信机制。Linux 进程之间的通信机制，主要包括套接字、信号、报文、共享内存等。

Linux 操作系统具有以下特点：

①系统源码完全开放，便于进一步研究学习和完善 Linux 系统。

②免费使用。

③具有较高的稳定性能，可长时间连续运行。

④应用领域较为广泛，Linux 不仅可在计算机设备中使用、还可以在路由器、机顶盒、手机、平板电脑以及嵌入式设备中进行安装并使用。

⑤Linux 系统本身消耗的内存相对较少。

也正是因为 Linux 具有以上特点，所以人们都将 Linux 作为基础系统，从而开展对汽车自主驾驶或智能网联汽车领域的学习和探索。Linux 操作系统是许多顶级汽车制造商首选的汽车开源软件平台，已经取代了无数专有或封闭的操作系统，它不仅用于汽车音响或信息娱乐中心，还用于远程信息处理系统、仪表板等。

Linux 作为一个开源软件平台，在降低开发成本方面发挥着重要作用，从信息娱乐和音响系统，到需要即时启动的远程信息处理系统，利用 Linux 运行智能网联汽车功能是一种趋势。

9.2 智能网联汽车的开发平台——ROS

9.2.1 ROS 概述

现代智能网联汽车的自主驾驶系统整合了路径规划、避障、导航、交通信号监测等多个软件模块和计算、控制、传感器模块等多个硬件模块，如何有效调配软硬件资源是一个挑战。简单的嵌入式系统并不能满足无人驾驶系统的上述需求，因此需要一个成熟、稳定、高性能的操作系统去管理各个模块。

目前，机器人操作系统可以很好地解决上述问题。ROS 是 Robot（机器人）+ Operating（操作）+ System（系统）的简称，即机器人操作系统。目前流行的 ROS 版本有 ROS Kinetic Kame、ROS Indigo Igloo、ROS Hydro Medusa 等。

从严格意义上来讲，ROS 并不是一个真正的操作系统，而是一款用于机器人或人工智能的应用软件开发平台。要保证一个复杂的系统稳定、高效地运行，每个模块都需发挥出最大的潜能，ROS 提供了一个成熟有效的管理机制，使得系统中的每个软硬件模块都能有效地进行互动。ROS 提供了大量的程序库和工具，使得开发人员能够更好地在机器人或人工智能领域中进行学习与研究。另外，ROS 本身还具有许多功能，如硬件设备驱动、可视化工具、消息传递等。

ROS 的主要设计目标是尽可能地避免或减少"重复造车轮"的现象出现。共享大量可复用的程序及源代码，便于更多的相关领域人才参与到机器人和人工智能两大领域的学习和研究中。

目前，ROS 的应用领域除了无人驾驶和智能网联汽车领域外，还包括物流仓储领域、工业生产领域和交通管理领域等。

ROS 包括以下几个特点。

① 点对点设计。ROS 在处理进程之间的通信时，采用了耦合度相对较低的点对点设计。

② 分布式设计。ROS 是一个分布式设计的框架，不仅可以实现 ROS 工程之间的集成和发布，还能够移植到其他机器人软件平台上使用。

③ 支持多种语言。ROS 可支持多种编程语言，如 C++、Java、Python、Lisp、Lua、Ruby 等。

④ 丰富的功能软件包。目前 ROS 可以支持使用的第三方软件包数量达到数千个，从而大大提高了开发与测试的工作效率。

⑤ 免费且开源性。ROS 是一款免费且开源的操作系统。ROS 中的所有源代码都是公开发布的，因此有利于人们对 ROS 的进一步学习、研究与完善。

9.2.2 ROS 在智能网联汽车中的应用

ROS 提供了大量的程序库和工具，而且 ROS 本身还具有许多功能，如硬件设备驱动、可视化工具、消息传递等。计算图级是 ROS 为了处理各节点间的数据而建立的一种点对点的拓扑结构图，主要包括节点、节点管理器、主题、消息、服务、参数服务器和消息记录包，如图 9-2 所示。

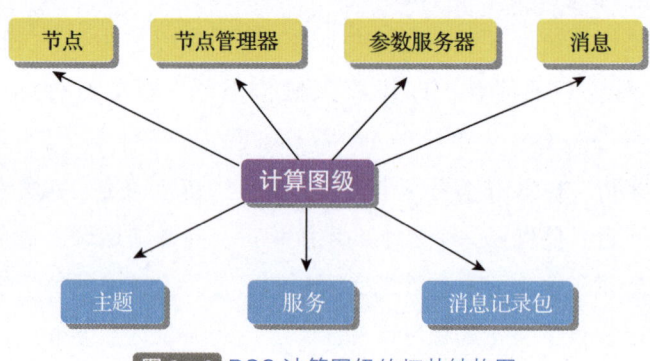

图 9-2 ROS 计算图级的拓扑结构图

1. 节点（Node）

一个节点即为一个可执行文件，它通过 ROS 与其他节点进行通信。在智能网联汽车中，我们可以把激光雷达、毫米波雷达、摄像头、GPS 等传感器设备都分别定义成为一个个单一的节点。例如，首先把智能网联汽车本身的制动系统定义为一个节点，然后再把激光雷达定义为另一个节点。当激光雷达探测到前方有障碍时，激光雷达所在的这个节点就会发出通知告诉制动系统。制动系统接收到通知后，可根据探测情况，开始进行下一步操作的判断（减速、制动还是继续正常行驶）。

2. 节点管理器（Master）

节点管理器的作用主要有四个方面：为 ROS 节点提供命名和注册服务；方便 ROS 节点之间进行相互查找；有助于 ROS 节点之间建立相互的通信连接；提供参数服务器，帮助 ROS 管理全局参数。

3. 主题（Topic）

主题是节点之间进行通信的最基本方式。节点之间通信时，可以不需要进行直接的连接，而是以发布和订阅的形式通过主题进行消息的传输。一个节点可以发布多个主题，同样，一个主题也可以被多个节点订阅。例如，可分别把智能网联汽车中的摄像头、转向系统、加速系统、制动系统定义成四个节点。由摄像头节点发布一个检测路面是否出现行人的主题，频率为20Hz，这样就使摄像头节点成为一个主题的发布者。再令转向系统、加速系统、制动系统分别去订阅这个检测路面行人的主题，使其成为主题的订阅者。如果前方没有出现行人，则转向系统和加速踏板将继续正常工作；如果前方出现行人，则转向系统和加速踏板在停止工作的同时会开启制动系统。

4. 消息（Message）

消息是节点之间进行通信传输的一种数据类型。消息类型包括 ROS 提供的标准类型和用户自定义的类型。定义消息类型必须包含消息的字段和消息的取值两个部分。例如，定义一个名为障碍物的消息类型，消息类型中分别包含障碍物的长度、宽度、高度三个字段。

5. 服务（Service）

服务建立通信的方式基于客户端-服务器的模式，一方面需要客户端发送服务请求到服务器；另一方面需要服务器接收到请求后，对客户端进行服务的响应。主题的通信方式是异步的，且不需要即时反馈，服务通信是同步的，需要等待结果。例如，智能网联汽车在行驶过程中想要提高车速，于是电子加速踏板节点向毫米波雷达节点发出服务请求，请求消息类型是方向为正前方，测量范围为200m。毫米波雷达节点接收到服务请求后，进行正前方200m以内的探测后，将探测结果的响应发送给电子加速踏板节点，响应消息类型是无任何障碍物。

6. 消息记录包（Bag）

消息记录包是一种文件格式，主要用于在 ROS 中对消息数据、主题数据、服务数据以及其他信息数据进行保存。通过记录包可实现情景再现功能，主要应用于智能网联汽车相关功能的测试。

9.3 智能网联汽车的学习平台——Gazebo

在外部真实场景下对智能网联汽车进行操作、测试与研究是最有效的学习方法。在不具备实际操作设备的情况下，可在虚拟仿真环境下学习智能网联汽车技术，从而加深对智能网联相关技术的认知与理解。

Gazebo 是一款功能非常强大的虚拟仿真工具，拥有强大的物理引擎和高质量的图形界面，如图 9-3 所示。

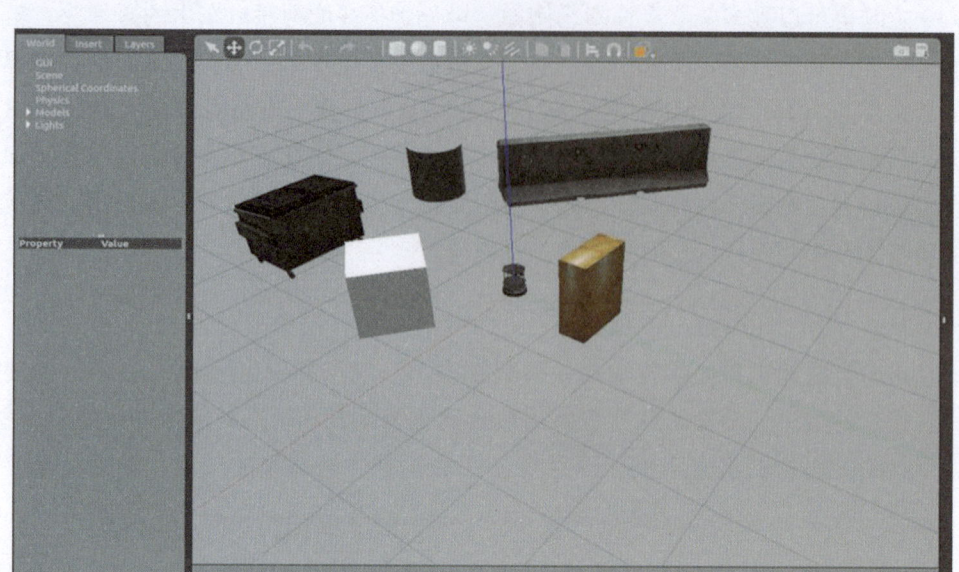

图 9-3 Gazebo 仿真测试画面

Gazebo 具有以下特点：

① 模拟动力学，可访问多个高性能物理引擎。

② 提供了逼真的环境渲染，包括高质量的照明、阴影和纹理。

③ 可生成带有噪声的仿真传感器，包括激光测距仪、2D/3D 摄像机、带有 Kinect 风格的传感器、触点传感器、力-力矩传感器等。

④ 有很多基于传感器和环境控制的插件。

⑤ 提供了许多仿真模型。

⑥ 可以在远程服务器上运行模拟操作，并能使用 protobufs 结构化数据存储格式进行 TCP/IP 的消息传输。

Gazebo 在智能网联汽车中的应用，可以实现以下功能。

① 可以帮助智能网联汽车进行传感器设备的模拟调试与选择。

② 利用 Gazebo 提供的仿真环境，可以进行路径规划、实时避障以及相关导航算法的模拟试验。

③ 配合 ROS 中的 3D 数据可视化工具，进行快速算法测试和人工智能学习，如图 9-4 所示。

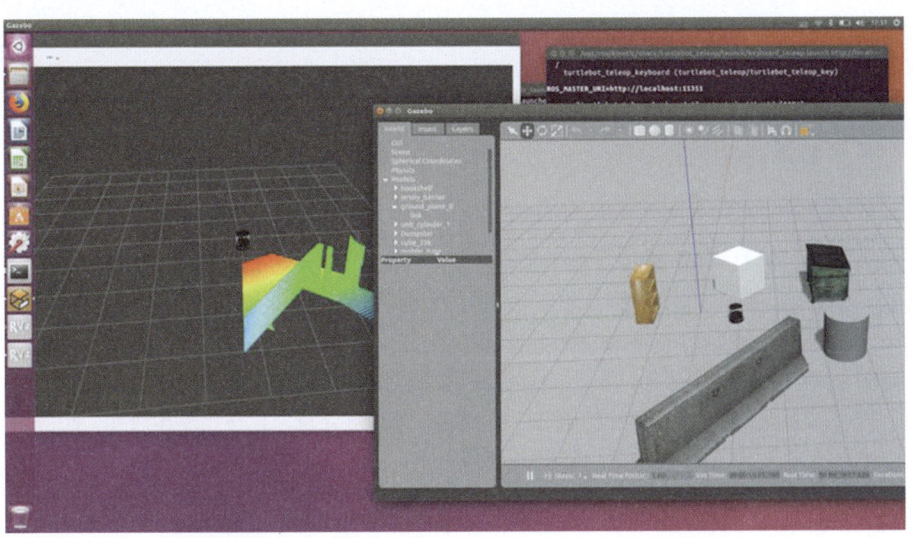

图9-4 ROS、Gazebo 和 Rviz 可视化工具的结合使用

思考题

本章的学习目标你已经达成了吗？请通过思考以下问题的答案进行结果检验。

序 号	问 题	自检结果
1	Linux 内核由几部分构成？	
2	Linux 操作系统有哪些特点？	
3	Linux 操作系统在智能网联汽车中应用有哪些优势？	
4	ROS 的含义是什么？	
5	ROS 有哪些特性？	
6	举例说明 ROS 在智能网联汽车开发中的应用。	
7	Gazebo 有哪些特点？	
8	Gazebo 在智能网联汽车中的应用，可实现哪些功能？	

参 考 文 献

[1] 刘少山，唐洁，吴双，等. 第一本无人驾驶技术书 [M]. 北京：电子工业出版社，2017.

[2] 刘少山，李力耘，唐洁，等. 无人驾驶：人工智能如何颠覆汽车 [M]. 史津竹，安靖雅，代凯，等译. 北京：机械工业出版社，2018.

[3] 伊斯坎达里安. 智能车辆手册 [M]. 李克强，等译. 北京：机械工业出版社，2017.

[4] 特龙. 概率机器人 [M]. 曹红玉，谭志，史晓霞，等译. 北京：机械工业出版社，2018.

[5] 高翔，张涛. 视觉 SLAM 十四讲：从理论到实践 [M]. 北京：电子工业出版社，2017.

[6] 野边继男. 深入理解 ICT 与自动驾驶 [M]. 陈慧，张诚，陈恭羽，译. 北京：机械工业出版社，2018.

[7] 李力，王飞跃. 智能汽车：先进传感与控制 [M]. 北京：机械工业出版社，2016.

[8] 王科，李霖. 智能汽车关键技术与设计方法 [M]. 北京：机械工业出版社，2019.

[9] 黄志坚. 智能交通与无人驾驶 [M]. 北京：化学工业出版社，2018.

[10] 王泉. 从车联网到自动驾驶 [M]. 北京：人民邮电出版社，2018.

[11] 崔胜民. 智能网联汽车新技术 [M]. 北京：化学工业出版社，2016.

[12] 王佐勋. 无人驾驶导航控制系统的设计 [M]. 北京：中国水利水电出版社，2018.

[13] 高社生，李华星. INS/SAR 组合导航定位技术与应用 [M]. 西安：西北工业大学出版社，2004.

[14] 王平，王超，刘富强，等. 车联网权威指南：标准、技术及应用 [M]. 北京：机械工业出版社，2018.

[15] 工业和信息化部人才交流中心，恩智浦（中国）管理有限公司. 智能互联汽车的网络安全技术及应用 [M]. 北京：电子工业出版社，2018.

[16] 王云鹏，田大新，沃天宇. 车辆联网感知与控制 [M]. 北京：科学出版社，2018.

[17] 克里斯托夫，德雷斯勒. 车辆网联技术 [M]. 胡红星，郭建华，严如强，译. 北京：机械工业出版社，2017.

[18] 波佩斯库-泽雷廷，拉都什，里贾尼. 车联网通信技术 [M]. 高卓，房家奕，李凤，译. 北京：机械工业出版社，2016.

[19] 沃特金斯. 树莓派实战全攻略：Scratch、Python、Linux、Minecraft 应用与机器人智能制作 [M]. 方可，译. 北京：人民邮电出版社，2018.

[20] 庄彦霞，汪东明. 汽车总线系统检修 [M]. 青岛：中国石油大学出版社，2016.

[21] 呼布钦，秦贵和，刘颖，等. 下一代汽车网络：车载以太网技术现状与发展 [J]. 计算机工程与应用，2016，52（24）：29-36.

[22] 张伟，胡雄强，王宜怀，等. NB-IoT 的基本架构与环境监测系统的应用设计 [J]. 单片机与嵌入式系统应用，2018，18（11）：4-8.

机械工业出版社 | 汽车分社
CHINA MACHINE PRESS

读者服务

机械工业出版社立足工程科技主业，坚持传播工业技术、工匠技能和工业文化，是集专业出版、教育出版和大众出版于一体的大型综合性科技出版机构。旗下汽车分社面向汽车全产业链提供知识服务，出版服务覆盖包括工程技术人员、研究人员、管理人员等在内的汽车产业从业者，高等院校、职业院校汽车专业师生和广大汽车爱好者、消费者。

一、意见反馈

感谢您购买机械工业出版社出版的图书。我们一直致力于"以专业铸就品质，让阅读更有价值"，这离不开您的支持！如果您对本书有任何建议或意见，请您反馈给我。我社长期接收汽车技术、交通技术、汽车维修、汽车科普、汽车管理及汽车类、交通类教材方面的稿件，欢迎来电来函咨询。

咨询电话：010-88379353　　编辑信箱：cmpzhq@163.com

二、课件下载

选用本书作为教材，免费赠送电子课件等教学资源供授课教师使用，请添加客服人员微信手机号"13683016884"咨询详情；亦可在机械工业出版社教育服务网（www.cmpedu.com）注册后免费下载。

三、教师服务

机工汽车教师群为您提供教学样书申领、最新教材信息、教材特色介绍、专业教材推荐、出版合作咨询等服务，还可免费收看大咖直播课，参加有奖赠书活动，更有机会获得签名版图书、购书优惠券。

加入方式：搜索QQ群号码317137009，加入机工汽车教师群2群。请您加入时备注院校+专业+姓名。

四、购书渠道

机工汽车小编
13683016884

我社出版的图书在京东、当当、淘宝、天猫及全国各大新华书店均有销售。

团购热线：010-88379735

零售热线：010-68326294　88379203